さあ はじめよう QCサークル！

介護現場でのQCの活用

監修　笹山 周作
（QC活動指導総括）
塚口 伍喜夫

編集　植田 智
　　　溝口 亜希

大学教育出版

はじめに

　社会福祉法人ささゆり会では、サービス利用者第一主義で各事業所を経営しています。そのためには、介護サービスの質を高め、維持することが不可欠の条件となります。それを進め支える職員集団は、介護にあたる職員はもちろん、利用者の健康を維持するための看護支援、美味しく健康に留意した食事の提供、サービス活動を裏方で支える事務職などの一体的なチームワークで成り立っており、その強い結びつきが高齢者への質の高い介護を支えているのだと思います。

　私が兵庫県社会福祉協議会にいたころ、施設福祉担当の部長がQC活動を取り入れるために奮闘していたことを思い出します。

　もともと、QC（Quality Controlの略）とは、企業の生産部門での品質管理を有効的に進めるために生まれた手法です。さまざまな問題・課題を解決するため、少人数のスタッフが自発的に集まりさまざまな角度から問題要因を引き出し、解決ないしは打開の方法を探ろうとした試みです。そして今日では、このQC活動は生産部門だけでなく福祉、教育、サービス産業と多くの分野で採用され活かされてきています。

　当法人の笹山周作法人本部長は、職員がその業務の一つひとつを客観的に、いわば、科学的に見つめ、絶えず改善・改革の意識を持つことが大切であると思っておられます。その強い思いが、先駆的にQC活動を取り入れる動機になったのではないかと思います。

　私もこの法人に関わって多くのことを学びました。特に、法人の職員集団が通常の職務だけでなく、それぞれの場面で自己を高める努力をされていることに感銘を受け、そうした姿に刺激されています。

　ここに示すQC活動の様子はその一端だと思っています。多くの関係者にご一読いただくことを期待しています。

令和2年7月

理事長　塚口　伍喜夫

さあ はじめようQCサークル！
—— 介護現場でのQCの活用 ——

目　次

1章 QC活動とは何か

植田　智

1　QCサークルの基本と考え方

QCサークル活動とは

QCサークルとは、第一線の職場で働く人々が継続的に製品・サービス・仕事などの質の管理・改善を行う小グループのことです。

この小グループは、運営を自主的に行い、QCの考え方・手法などを活用し創造性を発揮し自己啓発・相互啓発をはかり活動を進めます。この活動は、QCサークルメンバーの能力向上・自己実現、明るく活力に満ちた生きがいのある職場づくり、お客様満足の向上および社会への貢献を目指します。

経営者・管理者は、

この活動を企業の体質改善・発展に寄与させるために人材育成・職場活性化の重要な活動として位置づけ、自らTQMなどの全社的活動を実践するとともに人間性を尊重し、全員参加を目指した指導・支援を行います。

QCサークル活動の基本理念

人間の能力を発揮し、無限の可能性を引き出す。

人間性を尊重して、生きがいのある明るい職場をつくる。

企業の体質改善・発展に寄与する。

＊参考文献：「QCサークル綱領」より

（参考）QC的ものの見方・考え方10ケ条

① 品質優先　② 消費者指向　③ 後工程はお客様　④ 管理のサイクル

⑤ 重点指向　⑥ 事実に基づく管理　⑦ プロセス管理　⑧ ばらつき管理

⑨ 標準化　⑩ 源流管理

2 QC活動の進め方

① 品質優先　② 消費者指向とは

　昔のモノづくりの世界ではプロダクトアウトと呼ばれ、「作ってやったから売ってやる」という考え方でした。そのような考え方の会社は世間のニーズに合わず淘汰されてしまい、現在は「マーケットイン」と呼ばれるお客様中心の考え方でニーズに合った製品を作らないと選ばれる会社にはなりません。

　福祉などのサービスを提供している仕事も同じです。「職員中心の考え方」ではサービスは良くなりません。「利用者本位」の考え方を持つことで利用者様・家族様に喜ばれ選んで頂けるサービスとなり、それが地域社会に暮らす人々にとって「安心と信頼」に繋がるサービスとなります。利用者様に選んでもらうサービスの結果に「価値」が生まれます。仕事の結果がうまくいかなかった場合等は、仕事ができない理由を他人のせい等にしてしまいますが、できない理由を考えるのではなく、どうやったらできるかを考えることが大切です。

　真の "品質" は「他責」としないで「自責」で考える「利用者優先の考え方」から生まれます。特に福祉のサービスはマンパワーです。自責で考えることが自身の成長になり、それが利用者様にサービスとして還元されていくことを知っておかなければいけません。

③ 後工程はお客様とは（後工程はパートナー）

　自分の仕事の受け手や、関連する人々、お客様・患者様・利用者様など、すべてに対し「後工程はお客様」という考え方があります。福祉施設などでは、多くの職員が連携して利用者様にサービスを繋げていきます。例えば、三交代勤務の仕事なら日勤帯の職員から夜勤帯の職員へ情報を伝えていくことになりますし、また、多くの専門職と連携する場合も、専門職同士が同等の立場でパートナーとして考えることでチームワークを図り、お客様に喜ばれるサービスに繋がります。

④ 管理のサイクル

　福祉分野等では個人計画書などはPDCA、（Plan）を立て、計画に従って（Do）実行し、その結果を確認（Check）して、問題があれば必要な医療・介護の処置（Act）をとるの

が科学的な仕事の進め方です。

　会社が提供するサービスも同様に、「PDCA」を繰り返しまわしてサービスの質を上げ、スパイラルアップを目指し常に改善をしていくことが大切です。

⑤　重点指向

　サービスを向上させるためには、今あるたくさんの問題や課題に限られたリソース（人・もの・金・時間・情報・技術など）で対処する必要があり、すべての問題や課題に対応していくことは困難です。そのため、利用者様や会社にとって今何をすることが一番重要か選択するのが重点指向です。例を挙げるならば「事故の減少」をテーマにした場合、事故には「転落」「転倒」「誤薬」などたくさんの種類があり、1回の活動ですべての種類の事故を減らすことは困難です。そのような時は、パレート図などを活用し事故種類ごとの件数を層別して重点指向で取り組むことにより、少ない費用で、効果の大きい結果が得られます。

⑥　事実に基づく管理

　福祉分野では経験や勘に頼り原因追究、対策の立案が行われる傾向にありますが、真の原因を捉えていない対策は再発を招いてしまいます。例えば、一つの事故に対しても直ちに現場に行って、直ちに現物で、直ちに現実（現象）を確認するといった三現・三直主義に基づき検証することで事実が見えてきます。サービスの場合には三現主義にロールプレイなどの体現をすることも事実を浮かび上がらせることに役立ちます。福祉分野では数値化が遅れているといわれていますが、改善活動においては、数値データに基づく論理的・科学的な進め方が求められます。そのため、QC七つ道具や新QC七つ道具などを活用し、事実を「見える化」することが大切です。またサービスについては数値化することが難しい場合、アンケート等で「代用特性」を活用することも有効です。

⑦　プロセス管理　　⑧　ばらつき管理　　⑨　標準化

　プロセス管理とは、仕事で期待した成果が得られない場合に、仕事のプロセスが悪かったためだという考え方です。成果が得られなかった仕事を続ける意味はありません。ですから、仕事のプロセスを見直し、成果が出るプロセスを作り管理することが重要です。しかし、福祉分野では人によってやり方が違うことも多く、同じ業務をしても所要時間が大

きく違ったり、ケアの結果が違ったりすることが多いです。こうした一人ひとりのばらつきを確認し、違いを比べて、良い方向にばらつきを少なくしていくことがサービスの向上に繋がります。

　そして、良い仕事のやりかた・仕組みができれば、それを標準化しましょう。標準化をしてもサービス業は標準が風化し効果が逆戻りすることがないよう、標準化がどうなっているか確認することで管理の定着を図り、PDCAを回し、更なる高いレベルで標準化を目指すことが大切です。

⑩　源流管理

　上流で汚れた水を下流で綺麗にしても根本的な問題は解決されていません。自分達の改善だけで、どうにもならない場合は、自分達の前の仕事ではどうなっているか、他の専門職のやり方に問題はないか等、遡り問題の真因を追究し、そのポイントを管理し、仕事の質、サービスの質を確保する必要があります。

2章 QCサークル活動の進め方

植田　智

1　QCサークル活動のポイント

　改善活動で成果を上げるためには、コツとなる改善の定石を修得して、だれでも、いつでも合理的かつ効率的・効果的に問題・課題を解決していくことが大切です。

　問題解決の代表的な手順には、①問題解決型、②課題達成型、③施策実行型の３つがあります。問題の性質により適切に選択することが改善効果に大きく影響します。

　＊最近では未然防止型という手法も提唱されていますが、ここでは名称の紹介に留めておきます。

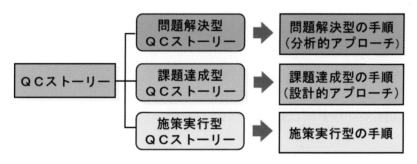

図2-1　問題解決の代表的手順

　改善の進め方には真の要因を探し出して、その原因を排除することによって問題を解決する「問題解決型の手順」、ある程度、要因や対策が見えている問題に対してスピードを持って解決する「施策実行型の手順」、今まで経験したことがない業務や理想を掲げ大幅な改善を目的としてさまざまなアイデアを出し最適策を追究する「課題達成型の手順」があります。近年では、事故などを未然に防ぐための手法として「未然防止型」が発表され４つの「型・手順」があります。QCサークル活動はテーマに対して、合理的・効率的・効果的に活動を進める上でも、どの手順で進めるか手順の確認をすることが重要です。

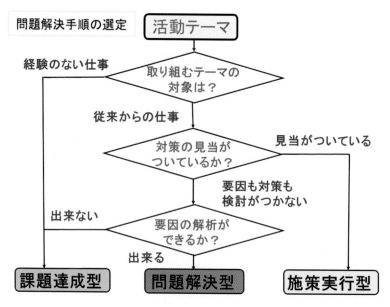

図2-2　手順選定フローチャート

問題解決手順の選定

　問題解決の3つの手順の違いをよく理解して判断する必要があります。問題解決手順の選定は以下の手順をおすすめします。

2　問題解決型の手順と課題達成型の手順

ステップ1（テーマの選定）

　QCサークル活動は「自責」で考えていくことが大切です。テーマは、自分たちで解決できて、職場にとって重要なものから選び、一目見れば「何をどうしたいのか」ねらいが明確に分かるよう具体的に表現することが大切です。例えば「入浴介助における介助時間のばらつきの低減」というように「（作業名など）における（管理特性）の（方向）」で記載してください。また、良くないテーマとして「○○の見直し」や「○○の推進」などの問題点が把握されていない手段系テーマや「○○の改善」のような抽象的テーマ、そして対策が入ってしまっているテーマは対策ありきの考え方となるので注意しましょう。

問題解決型の手順と課題達成型の手順

問題解決型	課題達成型
1. テーマの選定	1. テーマの選定
2. 現状把握と目標の設定	2. 攻め所の明確化と目標の設定および活動計画の作成
3. 活動計画作成	3. 方策の立案
4. 要因の解析	4. 成功シナリオの追究
5. 対策の検討と実施	5. 成功シナリオの実施
6. 効果の確認	6. 効果の確認
7. 標準化と管理の定着	7. 標準化と管理の定着

図2-3　問題解決型と課題達成型の手順

☆福祉分野でのワンポイント☆

　テーマが見つからない場合には、自分たちで困っていることや、やってみたいことを集め、「利用者様の想いや」「上位方針」「活動の難易度」などからテーマ選定マトリックス図により選ぶ方法もあります。またテーマにサークルの想いを入れたい場合は、その後に「入浴介助における介助時間のばらつきの低減～職員のスキルアップを目指して～」のようにサブテーマを入れるとよいでしょう。工場で、機械1台について改善を図るように、利用者様1人への改善活動のテーマでもよいでしょう。QCサークル活動はサークルメンバーの成長も大切ですので、活動前のサークルやサークルメンバーのレベルを把握しておくと、活動後の比較評価ができますので忘れないようにデータをとっておきましょう。

ステップ2（現状把握と目標の設定）

　現状把握では管理特性（攻撃対象）の見極めと、目標の定量化および目標レベルを決定づける大切なステップです。

　また、要因解析の情報を集めるステップでもあります。現場・現物・現実の三現主義で現状を見極め、一定期間のデータを数値化して定量的に把握することが重要です。QC手法などを活用して業務などのばらつきにも注意し客観的に観るようにしましょう。目標は「何を」「どれだけ」「いつまでに」の目標の3要素で設定します。

☆福祉分野でのワンポイント☆

福祉では数値化できない場合が多々あります。そのような場合は評価基準やアンケートなどにより「代用特性」を求めて数値化する努力をしましょう。

また、普段から気になることがあればデータをとり数値化しておくとよいでしょう。

目標の設定では、私たちが対応するのは機械ではなく人であることをよく考えなければいけません。

例えば事故件数ですと少ない方が良いに決まっています。しかし、福祉の世界では、リスクはあるが利用者様の力で、いまできることをして頂く「自立支援」の大切さが求められます。また、動くと危ないから身体拘束をして動けないようにしようという考え方ではいけません。なぜ、その目標（攻撃対象）と目標値にするのかを明確にすることが大切です。

ステップ3 （活動計画の作成）

各ステップがいつまでに終わるかをガントチャートで計画し、スケジュールは活動の都度書き込み管理することが大切です。計画と実績が大幅にずれた時は対策をとることや、予めわかっている業務繁忙期には活動頻度を考慮して作成しましょう。

また各ステップの担当者は進捗状況などを確認するステップリーダーを意味しますので全員などは記載しないように注意しましょう。

☆福祉分野でのワンポイント☆

問題解決型で進める場合は6か月以内にテーマを完結することが推奨されていますが、福祉分野の場合は「現状把握」で新しいデータをとる必要性が出ることや、対策項目が多くなる傾向があり職員への周知に時間がかかる場合があります。テーマによっては利用者様への効果を確認することもあり、テーマ完結までに時間を要する事例が多く、それを踏まえた活動計画を立てて下さい。

ステップリーダーについてもメンバーの参画意識を高め、メンバー個々のスキルアップが図れるよう全員で話し合い役割を分担しましょう。

ステップ4 （要因の解析）

要因の解析とは、「現状の把握」でとらえた「悪さ」を発生させている原因を究明することです。一般的には、特性要因図や連関図を用いて要因を洗い出して、重要要因候補

（仮説要因）を絞り込み、それを事実・データで確認・検証して真の原因を突き止める重要なステップです。

　データが採れない場合は、経験や上司・スタッフの意見を聞いて確認します。

☆福祉分野でのワンポイント☆

　目標に挙げた管理特性に影響を与えている真の原因を追究することです。「自責」で考え、「なぜなぜ」を繰り返し要因を掘り下げて重要要因の候補を探して下さい。

　しかし、ここでは、メンバーで話し合いをした状態「机上の空論」ですので、重要要因候補が本当の重要要因かを検証することで、合理的・効率的・効果的な対策に繋がります。忘れずに「検証」をするようにしましょう。また「大骨」は工場などでは「４М」（人・物・材料・方法）で検討することが多いですが、福祉の分野では、４Мに準じて、そのテーマにあった大骨を検討し要因を洗い出すとよいでしょう。

ステップ５（対策の検討と実施）

　メンバーが創造性を発揮し、重要要因を排除するための具体的な対策を検討します。アイデア発想法や対策展開型系統図法などを活用しアイデアを出し合い、まとまった対策案に対してはマトリックス図を使い評価を行い優先順位を決めて実行します。

　対策の実行状況を管理するために実行計画書を作成するようにしましょう。対策が「うまくいかない」「効果が不十分」などの場合は、２次・３次対策を検討します。朝礼などを利用して、対策の進み具合を確認することも遅滞なく進める上で大切になります。

☆福祉分野でのワンポイント☆

　対策を評価する場合はマトリックス図を利用し、本来の目的の再確認や対策との整合性を見る上でも評価項目を決めましょう。例えば利用者様の生活にかかるテーマならば「利用者満足度」などを入れて対策を決めることも有効です。

　また対策が決まれば、重要要因の項目と対策案の内容に一貫性があるか確認してください。その対策で重要要因に影響を与え、目標が達成できるか見直してみましょう。多くの利用者様を対象とした場合には対策が多くなる傾向がありますので、メンバーの全員参加はもちろんのこと、メンバー以外の職員や上司を巻き込み、活動が進みやすいように運営を工夫することが大切です。

メンバー以外の職員などに説明することや、負担を軽減する方法等対策を検討し、理解してもらえるようにしましょう。さらに、対策後の有形効果・無形効果・波及効果のつかみ方、データのとり方も検討しておくとよいでしょう。

ステップ6（効果の確認）

「効果の確認」は、対策を実施した結果、目標に対して　どうなったのか、数値ではっきり捉えられる"有形の効果"と数値で捉えにくい"無形の効果"に分けて把握します。また、対策したことによって、間接的に得られた数値で捉えられる"波及の効果"も忘れずに把握することが大切です。

QCサークル活動は無形の効果も大きな目的ですので確実に把握するようにしましょう。サークルやメンバーの成長を評価する手法としてレーダーチャートなどが使われています。

☆福祉分野でのワンポイント☆

QCサークル活動をしたことにより、メンバーやグループの成長が期待できますので、活動前から活動後にどのような成長があったか、活動をしたことにより利用者様や家族様からどのような評価があったかなどを記載するとよいでしょう。数値などで表しにくい場合は写真や動画などで「見える化」する方法もあります。効果の確認はサークルのアピールポイントですので漏れなく把握するようにしましょう。

ステップ7（標準化と管理の定着）

得られた効果が改善前の状態に後戻りしないようにするため維持・管理する方法を検討して実施し、さらに効果が継続しているかどうかを確認します。手段は5W1Hで記載しましょう。

☆福祉分野でのワンポイント☆

以前は標準化と管理の定着は、「歯止め」と呼ばれていましたが、月日が経つにつれ標準化した「歯止め」が風化し活動が逆戻りする傾向がありました。そこで活動成果が継続するように「標準化」と「管理の定着」に分け、守られているかを確認する「管理の定着」が強化されました。

福祉分野では多くの人が係わる仕事であり、異動や新採用も多くありますので標準化や

マニュアル化は極めて重要です。決めた内容が守られるよう、周知徹底を促し定期的な
チェック体制を構築することが大切です。

番外　ステップ8（反省と今後の計画）

　今後の活動のために今回の活動をステップごとに良かった点・悪かった点などの反省を
行い、今後のサークルの成長に繋げることも必要です。テーマに対してPDCAサイクルを
回したように、自分たちの活動や成長のためのPDCAサイクルも回していきましょう。

　QCサークル活動は継続することによって、その真価が発揮されることを理解しておく
必要があります。

課題達成型の手順

（ステップ1・6・7は問題解決型の手順とほぼ同様となります）

ステップ2　攻め所の明確化と目標の設定および活動計画の作成

　攻め所選定シートを活用して攻め所を明確にするステップです。まず、テーマの目的と
する特性（攻撃対象）の「ありたい姿」を明確にし、次に特性の「ありたい姿」を実現さ
せるための項目（4M）を参考にして設定のうえ、各項目の「ありたい姿」を設定します。
次に、「ありたい姿」に対応する現在の姿をデータや三現主義などの情報により具体的に
把握します。その際、言語データで調べるだけではなく、可能な限り定量化する工夫をし
て、数値データで把握するようにします。各項目の「ありたい姿」と「現在の姿」との
「ギャップ」を把握して攻め所を決めます。攻め所の採否は期待効果のみで評価し決定し
ます。

　目標の設定は問題解決型と同様ですが、特性の「ありたい姿」を参考にして設定するよ
うにします。「ありたい姿」を目指しますので大幅な効果が得られる目標値にした方がよ
いでしょう。

☆福祉分野でのワンポイント☆

　定量化が難しい場合には、テーマの本質が何なのかを考え代用特性を決めましょう。ま
た、「ありたい姿」とのギャップが正確に出せるよう現在の姿を三現主義や数値で捉える
ように注意しましょう。

ステップ3　方策の立案　ステップ4・5　成功シナリオの追究と実施

　期待効果のみで評価して絞り込んだ攻め所に対して方策を検討します。課題達成型は新規業務や従来からのやり方を捨て、新たな方策や手段を追究しそのねらいを達成するやり方ですので、大幅に改善することが求められます。そのためにはブレーンストーミングやアイデア発想法等を活用して多くのアイデアを出し方策案をまとめ、期待効果の大きいと思われる方策を重点指向で決定します。方策案を実現させるための具体的なシナリオを作成し、障害の予測と事前防止策の検討、さらには現場・現物での検証も加え最終的に成功シナリオを決定し実行します。

☆福祉分野でのワンポイント☆

　サークルメンバーには新入職員や専門職や上司などさまざまな立場の人がいますが、意見は同等の立場で出し合い、どんな意見が出てきても、それを決して批判しないといった自由に発言できる雰囲気づくりが大切です。あらゆる視点からアイデアを出し、突拍子もない意見でもかまわないくらいの気持ちで発言し、メンバー全員でQCサークル活動ができるように日頃からコミュニケーションを良くしておきましょう。また、問題解決型の対策と同様、メンバー以外の職員や上司などを巻き込み活動が進みやすいように運営を工夫することが大切です。

3章 QC活動に想う

本章では、サークル活動に参加した職員を代表して、幾人かから手記を寄せていただきました。それを紹介します。

1　QC活動を通して将来を担う人材を育成　　　　　西川　明茂

①　QCとの関わりはじめ

私がQC活動という言葉を聞いたのは入職後5年目ぐらいで部署のケアリーダーになりたての頃でした。当時の生活相談員である上司から「QCをやるから勉強して来い」と言われて研修会に参加したことが始まりになります。聞きなれない言葉に戸惑いを覚えながらも、研修会ではパレート図を手書きで作成したり、特性要因図を作成したりしながらQCストーリーを学びました。「職場における課題を洗い出し原因を突き詰め、真の要因を改善することでより効率的に仕事が行え、会社の利益につながるもの」ということをなんとなく理解することができました。

②　初めてのQC活動

初めてのQC活動はサブリーダーという立場で参加しました。当時のリーダーから職員へQCの説明を行い、課題を抽出、常勤・非常勤職員関係なく自主的に参加できる方を募りメンバー設定を行いました。当時は勤務時間内で行うことが難しい環境下にあり、勤務終了後に時間外で活動を行いました。QCストーリーに合わせて手順を踏みながら進めていきましたが、不慣れなのでいくつもの壁にぶち当たりながらなんとか活動を終了することができたと思います。QCストーリーを手順通り確認しながら行い、数値化することで効果を目で確認することができ、常勤・非常勤関係なく同じ課題に取り組んだことで一体感が生まれ、チーム力の向上といった無形効果を得ることができました。

③　育成としてのQC活動支援

　法人内でQC活動をすることが定着し、主任になった私は担当部署内でQC活動を支援する役割を担うことになりました。介護職員でサークルを作り活動する中で、流れを確認したり、行き詰まったときの助言や資料をチェックする支援を行いました。部署異動をしながらも、いくつかのサークルを支援する中で、比較対象にする物差しを考えるときに数値で表しにくいものを選択したときに行き詰まるケースやパソコン操作、営業方法の相談等がありました。しかし、一緒に考えたり講習を行うことでより高い効果を得ることができ、達成感を味わってもらえたと思います。福祉の学校ではQCストーリーを教えてもらえません。QCの研修会に参加し活動することで、介護現場での利用者支援に行き詰まった時にはさまざまな方向から検討し、問題解決の糸口をつかむことができるようになるのではないかと期待をしています。

　また、活動をする中で意見を引き出したり、役割分担、計画の立案、実行、効果を継続するための歯止めを考案するために意見をまとめる能力も必要です。これらの能力は人を管理する能力につながるのではないでしょうか。実際にQC活動のリーダーやサブリーダーで積極的に活動した方は主任や相談員、施設管理者になっています。計画を立て、人の意見をまとめ、協力を得る。課題を分析して効果を得て会社へ貢献する。感覚で判断するのではなく数値で見える化することで客観的に効果を確認することができる。人前で発表するので当然、責任と度胸が必要になります。上司として行うべき役割がQCの中には凝縮されていると思います。QC活動を行うことはなかなか大変です。しかし、その活動の中で苦労しながらQC手法を習得することで職員の成長、会社の成長につなげることができるのではないかと私は思います。嫌々やらされているQC活動ではなく会社の未来を担う者を育成するためのものとして、活動する方も活動を支援する側の方にとっても有意義な活動となるように願っております。

2　評価されたQCサークル活動への取り組み　　　　　辻本美和子

　私はこれまで特別養護老人ホームサンライフ御立でQCサークル活動を行っていました。

　初めてQC活動委員会への参加となり、まずは外部研修に参加させてもらいQCサークルの歴史や活動の意義を知りました。1960年代に製造業を中心に始まったことに大変驚

き、長年の間にさまざまな職種が取り組んでいるということは、仕事をする上ではとても大事なことだと学びました。そこから私のQCサークル活動はスタートしました。

　いざサークル活動への参加となり、聞いているだけであれば分かったつもりでも、サークルメンバーが集まり進めていくとメンバーの経験年数もさまざまで分からないことが多く、QC経験のあった職員に教えてもらいながら進めていきました。会合も毎月1回決められた時間で行います。その時間は現場から抜けて参加するので貴重な時間を有効に使わなくてはなりません。リーダーは会合前に議題や課題の報告・連絡・確認を行うことから始まりまとめていました。サンライフ御立のQCサークルは年齢や介護経験もさまざまで他職種の連携も必要です。時には意見がぶつかり合うこともありました。改善活動を行っていくので意見の食い違いがあって当然で、そこを上手くモチベーションを上げて活動へ繋げていけるのかがとても重要な所でした。そしてQCサークルで話しあったことを現場に持ち帰り取り組んでいきますが、ここが最難関なのです。これまでやっていたことを少し変える時や、新たな取り組みを実施する時もあります。ですからサークルに参加していない現場職員は大混乱なのです。理解を得てQCサークルメンバーと職員達が一丸となって対策に取り組んでいくのです。そして利用者様にとっても、職員にとっても良い効果が出た対策であれば自然と定着していきます。

　その後、1年間取り組んだ活動をパワーポイントにまとめていきます。ここでも、パワーポイント編集を教えてもらいながらまとめていきました。これまでQC発表大会で他業種のまとめたパワーポイントは、イラストが動いたり、動画があったり、表やグラフに凝っていたり比べられない程技術が優れた発表を見てきましたが、笹山本部長がいつも言っておられる「相手に伝わるように分かりやすく」「私達の武器は人間味溢れる仕事だ」ということも意識して自分達だからこそできることを実践していきました。

　1年間のQCの取り組んだサークル発表を法人の全体会議で見た時、活動が始まった時から振り返り「この時はぎくしゃくしてたな」「目標達成した時はほっとしたな」「このページは力作やな」と辛かったことも良い思い出となっていました。メンバー同士で互いに労い、これがQC活動を行うことでの成長や達成感だと感じました。

　法人内の発表から次は外部での発表になっていきます。発表大会に出るからには選ばれる、賞を狙っていくとの上司の教えもあり、成長に喜びを感じて終わりではなく更なる目標も待っていました。

　発表大会に向けて、15～20分に原稿をまとめて読む練習をします。そしてパソコン操

作ともタイミングを合わせていきます。妹と何度も練習を重ねました。私達の初めての発表の場は兵庫地区チャンピオン大会で、神戸の大きな会場に入った瞬間に足が震えたのを思い出します。サンライフ御立「特別養護老人ホーム入居者様の褥瘡数の減少」を発表し兵庫地区チャンピオン大会優秀賞をいただきました。取り組みから発表を体験することで得られた成長と、入居者様や家族様の喜びを感じることができました。

　次に取り組んだ、「特別養護老人ホーム入居者様の事故件数の減少」のテーマでは、活動の一環として東京での国際福祉機器展に参加して普段見ることのない最新機器を体験してきました。そこで超低床ベッドが職員の負担軽減、入居者様の安全も確保できるのではと思い、まずは試してみる所から始めました。思った以上に好評で事故減少にも繋がり、今となっては、なくてはならないベッドとなりました。そこから新施設のサンライフ西庄の特別養護老人ホームとグループホームの全居室超低床ベッドの導入へと繋がっていきました。

　そして初めはやらされている感のサークルメンバー達も変化していき、他施設の見学をさせて頂くなど新たな発見や励みがあり、QCサークル活動はみるみる浸透していきました。リーダーとメンバー達の絆も深まり、初めは辛いと感じていた活動が変化することで職員・入居者様や家族様の幸せや喜びに繋がった活動でした。振り返ると数々の対策を実施することで施設全体の介護サービスの質が上がりました。あの時のメンバーで取り組んだからこそと思います。このサークルはQCサークル近畿支部支部長賞と兵庫県チャンピオン大会で優秀賞をいただきました。

　そしてみるみる成長をしていき、サークルが次に取り組んだのは「特別養護老人ホームサンライフ御立の看取り件数の増加」です。これまでの活動とは異なり死についての内容となり不安が大きく、各専門職ができることを挙げる中で介護職は「今以上に何ができるのか」を考えていくと、やはり人と人との関わりでした。入居者様や家族様との深い関わりが絆となっていき、御家族様からも「皆さんに最期も看てもらえて良かった」と言っていただけた時、看取り後の寂しい気持ちと嬉しい気持ちが重なり、介護という仕事は大変な部分があるけれども人生の最期の関わりがもてる素晴らしい仕事なのだと感じることができました。

　そしてサンライフ御立で取り組んだ活動事例を発表する機会をいただき、令和元年6月に東京の日経ホールで開催された第12回事務・サービス含む医務・福祉部門　全日本選抜QCサークル大会で本部長賞銀賞、審査委員長賞を受賞しました。これまでの活動が成果

となり、職員の大きな成長に繋がり、利用者様や御家族様の満足度も高まりました。このように喜びを感じる職員が増えていくことで、介護職の質の向上になり社会へと貢献していきたいと思います。

3　改善箇所は幾らでもある　　　　　　　　　　　　　立花　知之

　私はデイサービスサンライフ田寺に勤務してから、6年目を迎えました。初めは、介護職、2年目からは生活相談員、3年目からは管理者として勤務しています。

　デイサービスは、要介護認定（事業対象者、要支援1、要支援2、要介護1～5）された利用者様の在宅生活を機能訓練、入浴、口腔機能訓練、レクリエーションを提供しながら支援していきます。朝夕の送迎も行っており、車椅子の方でも安心して利用することができます。

　そしてデイサービスを行っていく上で地域に対して何か貢献できることはないかといろいろ考えていたところ、法人本部長より「デイサービス田寺は他のデイサービスと違い、水曜日が休みなのでその休みの水曜日を利用して子ども食堂を立ち上げたらどうか」というアイデアを頂き職員、パート職員でいろいろ相談、協議し、令和元年6月から月に1回第3水曜日にふれあいレストラン「リストランテ・ヴォーノ田寺」を立ち上げました。地

子ども食堂

域の自治会長、民生委員の方や一般ボランティア、高校生のボランティアを募り、夕方5時より食事を提供しその後高校生が小学生の宿題や勉強を教えたり、もっと小さな児童には遊び相手になるなど、子どもの居心地の良い場所作りを提供しています。子ども（3〜12歳まで）は無料とし、親御さんには300円頂いております。現在大変好評で毎回20〜30名ぐらい参加頂いております。

　私が、QCサークル活動に初めて取り組んだのはデイサービスに勤務してから2年目でした。QC活動については認識が薄く、工場などで部品のロスをなくし、早さ、正確性、品質の向上を行うことにおいて有効性を示しており、介護などの対人サービスには目でわかる数字がでにくいため、取り組みとしては難しいと思いました。

　しかし、QC活動のテーマ選定の時に、現時点での改善箇所がどこにあるかを探求すると意外と改善できる内容の多さにびっくりしました。

　平成27年当時には車両の対物事故が多かったため、その時のテーマは「車両事故の減少」というテーマに取り組みました。初めに、事故が起こる重要要因を見つけ、その重要要因の改善には現状の仕組みをどう変更させるかを検討し、対策を考えてから職員に周知徹底させました。QC活動時はとくに職員が全員意識して行動し、活動終了後も意識の継続ができており、車両事故の減少に大きく繋がっています。デイサービスは送迎時間を設けており、サービスの提供時間に区切りがあるため、どうしても気持ちの焦りが出てきます。

　平成30年6月からは、「職員の満足度を向上させる」をテーマに、職員の離職率を低下させ、介護の質を向上させて利用者様が安心安全にサービスを利用できるようにしていくことについての活動に取り組みました。内容としては、働いている時の不満足度と満足度を数値で示し、最終満足度100点にするにはどのように改善をすればよいのかを管理者との面談を行い、改善策をまとめました。結果としては、施設に対する不満足よりも、家庭環境などプライベートが充実しているかどうかが大きく関係していました。このようにQC活動を通して、職員とのコミュニケーションの場を設けることで、一人ひとりに対する解決案や悩み事などを見つけ、どうすれば職員がやりがいのある仕事をサンライフ田寺で見いだすことができるかなど、職員全体で意見を出すことが、デイサービスの稼働率を向上させ、チームワークと利用者の満足度の向上につながると思っています。

　QC活動は、本来、改善活動ばかり注目されますが、私たち介護職員としては、外部での発表の場という機会が少なく、数少ない外部発表の場でもあります。その点でも貴重な体験をすることができるものと思っています。また、外部研修においても他業種の方とも

お話をする機会があり、いろいろな知識を得ることができます。働くことにおいて固定概念は成長の妨げになると思っています。常に物事を改善するという気持ちで、他者からのアドバイスも肯定的に受け入れていくことにしています。デイサービスについてもマンネリ化は事業所としては成長しないことから、一つの事柄について改善し、成功すれば次の取り組みをやっていくなど順番に改善箇所を変更していくという思いになりました。また、自身の置かれている役職などの立場によって取り組むテーマも異なり、私自身も、役職が異なることで大きく目の付け所が変わりました。QCサークルでのPDCAサイクルを学んだことは、一般業務でも役に立つことが多く、人としても大きく成長できるので、QC活動の意義は大きいと思います。

4　QCサークル活動への想い　　　　　　　　　　　　植田　智

　私がQCサークル活動を知ったのは平成16年でした。笹山法人本部長よりQCサークル活動開始の号令により福祉QCサークル活動研修を受け活動に挑みました。もちろん、私以外の職員も全く未経験ですが、その中から職員3名と非常勤職員3名で活動を開始しました。

　なるべく非常勤職員の方には負担をかけずに、また会議の場面では全員の意見が反映できるように意識していたことを覚えています。実際、私は働き出して3年目を迎える頃で、デイサービスの責任者となり1年が経ち、業務多忙の上、まだ新しい仕事が増えることに私自身大きな疑問を感じていました。

　初めに取り組んだテーマは「送迎の苦情を減らそう」でした。当時のデイサービスの送迎は、決まった時間より15分以上早く訪問したり、遅れて訪問したりが日常化しており、その上、同じ利用者様でも曜日が違うと家に訪問する設定時間がバラバラで、1時間以上も曜日により訪問する時間帯が違うような状況も多く見られました。私たちの法人にはサンライフサービス10か条があり、その中に「悩んだら、迷ったらお客様の想いに立ち返って考え行動します」との一文があります。

　市営のバスなどでも15分遅れれば、腹も立ちます。そうしてお客様の立場になることで、私たちは、それ以上の迷惑を利用者様や家族様にかけていることに気付けました。

　今の「当たり前」が本当にお客様にとって幸せなことなのか、安心できることなのか、自分たちの業務に疑問を持ちサービスを提供する大切さを知ることができました。

　初めての活動を終え、すべての利用者様がどの曜日に来られても同じ時間に設定し誤差5分以内に送迎することができるようになり、利用者様・家族様に大変喜ばれました。また、送迎に係る業務も効率的・合理的な運行ができ、私を含め、職員の業務負担を減らせた上、無線機を導入し、予定通りに行けない場合は、他の職員がサポートできる体制も築くことができました。職員の精神的な負担の軽減にも繋がり、私は皆で問題を捉え、皆で改善していく大切さをQC活動を通して感じることができました。

　この活動を通し送迎業務の改善ができただけではなく、利用者様、家族様の満足度の向上、従業員の満足度の向上、そしてチームワークの向上や明るい活気ある職場となりました。

　つまり、QCサークル活動は、現在ある「当たり前」や現場の問題を放置せず解決していくことで、自分たちの理想を実現するツールなのです。

　そして、QCサークル活動の良い所は、QC手法や問題の考え方や解決の手順についても、QCサークル活動だけではなく、自分を取り巻く多くの問題に活用ができることです。

　特に私が大切にしていることは1つが「自責」で考えること。

　何かの問題を「できません」で終わらせるのではなく、どうやったらできるようになるかを考える意識は、自分で考え、実行していくことで自分の大きな成長に繋がりましたし、上手くいかなかった場合も、なぜそうなったかを反省することも、また成長に繋がりました。

　そして、もう一つは、「三現主義」です。

　例えば、利用者様の事故も現場に行き、現物・現状を把握することで本当の要因が見え、利用者様に同じ事故を減らすことにも繋がります。また職員の話で「なぜそのようなことが起きているのか」は現場に行き、現状を自分の目でみることで「悪さ」は何かが見えてくることが多いです。

　だからこそ、同じ職場で働く介護職員さんにも「自責」で考えることや「三現主義」で物事を捉えることの大切さを今後も伝えたいと思います。

　また、私は平成25年よりQCサークル兵庫地区幹事に任命され平成28〜29年QCサークル兵庫地区副幹事長、平成30〜平成31年QCサークル兵庫地区幹事長に就任しました。

　多くの畑が違う企業の方とお話をする機会もあり、まだまだ、福祉の業界では見習わなければいけないことや、結果を出すために真摯に取り組んでいかなければいけないという気持ちが芽生えています。

　また、どの企業様も改善活動を続ける大切さを知っていますが、中には一度、改善活動をやめて、再度、改善の意識が芽生えるまでに大変な時間と労力をかけられた企業様の話もよく耳にしました。

　私も初めは、QCサークル活動がしんどいものだとしか思っていませんでしたが、今はサービスを改善するツールでもあり、人を育てるツールだと感じています。

　この活動で、しんどい活動で終わってしまう職員もいることは事実です。しかし、活動を継続し、成功体験を経験することで、さらに利用者様本位の考え方が強くなり、改善活動をする意義を見いだし、それが自分たちの成長に繋がると感じています。

　そのため、私自身も一緒に働く仲間も、QCサークル活動を通し成長し、成長した仲間と、理想とするサービスを実現し、明るく活気のある職場を目指して活動を続けていきたいと思います。

4章 各職域でのQCサークル活動の取り組みと評価

QC活動に参加した職員の座談会を通して、QC活動の姿、そこからの学び、職場への活かし方などをあきらかにする。

1 QC活動をこのように活かした ［ひろみねでの職員座談会］

出席者：岩下　吉弘（コーディネイター）
　　　　木村　友紀
　　　　西川　明茂
　　　　丸尾　太一
　　　　笹山　周作

**ユニット型老人ホームサンライフひろみね
寿サークル
「ユニット型特養の新規申し込み件数の増加」**

**事例1
【問題解決型】**

★今回の活動の想い★
自分たちの施設を見直し、今まで経験したことのない営業等を行うことで経験を積み、また、自分たちの施設の強みを把握し職員の仕事に対するモチベーションを上げたいという想い。

社会福祉法人　ささゆり会

ユニット型特養の新規申込者の増加
（活動期間　H29.5〜H29.12）

サークル名：　寿（ことぶき）

発　表　者　：丸尾　太一

　　　　　　　鈴木　建司

メ ン バ ー：　木村・丸尾佳・永井・飯田・橿林

（内容・工夫した点・苦労した点など）
当初QCメンバーは7名いましたが、最終的に2名になってしまったため仕上げに苦労した。

（評価・今後に繋げてほしいポイント）
・テーマ名の場所、管理特性、方向の三点を意識した設定になっています。
・サークル名称がユニークであり、楽しく進めようとする意図が表れています。メンバーが減少した場合運営の工夫が必要です。

社会福祉法人　ささゆり会

1. テーマ選定

上位方針

地域密着型施設として姫路市内で在宅生活が継続できず、困っておられる方に対して、「終の棲家」としてのサービス提供を行いたい。

テーマ選定の理由

H20年4月にオープンし10年目を迎えました。近隣にも施設が増え、地域の方々や関係者の方々への知名度をあげ施設の魅力を高めていく必要がある。職員が自施設の良さや強みについて改めて考えるきっかけとなるため、「新規申込者の増加」にテーマを決定した。

（内容・工夫した点・苦労した点など）
申し込み件数の減少から近隣への知名度を上げ、自施設の新規申込者の増加を目指したテーマを選定した。

（評価・今後に繋げてほしいポイント）
・上位方針を正しく把握し、理解したうえでテーマを決めています。なぜ取り組むのか、その必要性を施設と職員の立場から、分かりやすく説明しています。

社会福祉法人　ささゆり会

2. 現状把握

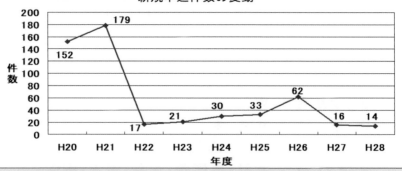

新規申込件数の変動

平成27年度と平成28年度と2年連続で申し込み件数が20件に満たない状態が続いており、管理特性を新規申込者件数の増加に決定した。

（内容・工夫した点・苦労した点など）	（評価・今後に繋げてほしいポイント）
過去の申し込み件数を調べた結果、認知度が低いため申込件数が減少していること。	・申込件数の推移が一目瞭然で、攻撃対象が明確になっています。 ・管理特性についての現状の姿が定量化されており、目標設定に生かされています。 ・グラフの標題を明確にしましょう。

 社会福祉法人　ささゆり会

3. 目標設定

（改善の対象） 何を	新規申込者の増加
（期間） いつまでに	H29年12月31日までに
（目標） どうする	14件／年を28件／年に増加

目標設定の考え方

開設して10周年を迎えるにあたり、年間を通じて昨年度よりも2倍増と極めて厳しい挑戦的な目標を設定した。

（内容・工夫した点・苦労した点など）	（評価・今後に繋げてほしいポイント）
10年目の節目の年に、今までなかった取り組みをして活動期間中に昨年より2倍増の件数を目標に設定した。	・目標の3要素で基本通りに設定されており、設定理由も明確で、挑戦的な目標レベルです。 ・「何を」の管理特性は「新規申込者数」ですので注意しましょう。

社会福祉法人　ささゆり会

4. 活動計画

活動項目	役割分担	活動期間　計画日程（- - ▸）　実施日程（——▸）							
		7月	8月	9月	10月	11月	12月	1月	2月
① テーマの選定	全員	⇉							
② 現状把握と目標の設定	永井 飯田		⇢						
③ 要因の分析	木村			⇉					
④ 対策の立案実施	鈴木				⇢				
⑤ 効果の確認	樫林							⇢	
⑥ 標準化と管理の定着	丸尾								⇉
⑦ 反省と今後の課題	中前								⇉

（内容・工夫した点・苦労した点など）
活動期間の計画日程と実施日程を矢印で表した。全体で8か月で活動が終了するよう計画し、取り組んだ。

（評価・今後に繋げてほしいポイント）
・ガントチャート手法の活用は最適です。
・手順に従って役割分担が明確になっており、ステップごとに責任が持てるように工夫されています。活動期間をもう少し短縮するように運営の工夫も必要です。

社会福祉法人　ささゆり会

5. 要因分析

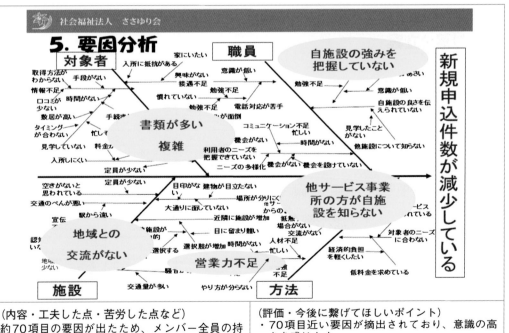

（内容・工夫した点・苦労した点など）
約70項目の要因が出たため、メンバー全員の持ち点投票方式で絞り込み決定した。

（評価・今後に繋げてほしいポイント）
・70項目近い要因が摘出されており、意識の高さを感じます。
・職員、方法、施設のそれぞれから5項目を選び重点指向で進めています。仮説要因は、要因図の末端から選ぶようにしましょう。

32

社会福祉法人　ささゆり会

6. 重要要因の決定

①自施設の強みを把握できていない。

②入所申込み時の書類が複雑で分かりにくい。

③外部の方が自施設を知らない。

④営業力不足。

⑤地域との交流がない。

> メンバーの持ち点投票方式で重要要因を絞り込み、
> 対策を検討した。

（内容・工夫した点・苦労した点など）	（評価・今後に繋げてほしいポイント）
要因分析をした結果5つの重要要因を絞り出しまとめた。	・多くの要因の中から全員の持ち点投票方式で5項目に絞り込んでいます。 ・重要要因の決定には仮説要因の検証が必要です。データや三現主義による検証も工夫しましょう。

社会福祉法人　ささゆり会

7. 対策の立案

◎:5点　○:3点　△:1点

原因	対策案	具体的対策	効果度	実現性	評価点	優先順位	誰が	いつまでに
自施設の強みを把握できていない	1.施設の強みを把握する	①職員・家族様にアンケートを実施	○	◎	15	1	永井 丸尾	2017/11/30までに
		②他施設を見学する	○	○	9	2		
		③他施設と差別化を図る	○	○	9	2		
入所申し込み時の書類が複雑で分かりにくい	1.簡易で記入しやすい申し込み用紙を作成する	①現在使用している申し込み用紙を確認し、分かりづらい箇所を把握する	○	○	9	1	橿林 丸尾	2017/11/30までに
		②申し込み用紙に関連する書類の検討と作成	○	△	3	2		
		③職員の施設案内のマニュアルや特養のQ&Aを書類にまとめる	○	○	9	1		
外部の方が自施設を知らない	1.施設の知名度を高める	①居宅・グループホーム・包括にアンケートを実施	○	○	9	2	永井 飯田 橿林	2017/11/30までに
		②アンケートを集計する	○	○	9	2		
		③ちらしを作成し後方活動を行う	◎	○	15	1		

（内容・工夫した点・苦労した点など）	（評価・今後に繋げてほしいポイント）
重要要因をどのようにしたら解決できるか、対策を考えできるだけ期間も詳しく決定し記載した。	・重要要因に対して対策案を検討し、マトリックス図法を活用し、評価を行い優先順位を決定しています。 ・実行策の最終確認は上司に報告して指導を受けるようにしましょう。

社会福祉法人　ささゆり会

◎:5点　○:3点　△:1点

原因	対策案	具体的対策	評価項目		評価点	優先順位	誰が	いつまでに
			効果度	実現性				
営業力不足	1.営業力をつける	①営業・接遇マナーの勉強会を行う	○	○	9	1	木村 中前 鈴木	2017/11/30 までに
		②地域・サービス事業所などの営業活動を行う	◎	△	5	2		
地域との交流がない	1.地域との交流を深める	①地域との交流方法を考える	○	○	9	1	木村 中前 鈴木	2017/11/30 までに
		②包括に協力を依頼する	△	△	1	2		
		③地域の行事、同グループの行事に参加する	○	○	9	1		

（内容・工夫した点・苦労した点など）
すべての対策に取り組んだ。期間も詳しく記載することでメンバーの意識を高めた。

（評価・今後に繋げてほしいポイント）
・マトリックス図法を上手く使い、実行計画まで入れ込んでおり、それぞれが責任をもって遅滞なく進める工夫がされています。
・評価点の集計は乗法によりウェイト差を大きくするやり方もあります。

 社会福祉法人　ささゆり会

8. 対策の立案・実施

1）自施設の強みを把握する

■職員・家族様にアンケート実施

○職員へのアンケート結果
・小規模のため、個別のケアが　　　　・日中のおむつ使用　　むつ使用者0人である。
・家庭的な雰囲気がある。　　　　　　者0人である。　　　イバシーが守られている。
・情報共有ができており、利用者　　　　　　　　　　　　治療ができている。
・家族様とのコミュニケーションがとれており、信頼関係も築けている。
・利用者様　　　・メニューにこだ　　　フロアで話し合　　・トイレでの排泄
・清潔な　　　　わりがある。　　　・ト　　　　　　　　が適っている。
・メニュー

○家族様からみたひろみねの魅力　ひろみねに来てよかったと思う点
・職員が利用者様の目線で考えてくれる。　　・職員が優しい。
・下剤、薬をあまり使用しない。　　　　　　・トイレでの排泄をしてくれる。
・小規模なので職員の目が行き届く為、とてもよくしてく
・家庭的な　　　・下剤・薬をあま　　　　　・面会の際おいし　　　る。
・排泄時、　　　り　使用しない。　　がなくなっ　　そうな匂いがする。
・実際、「もし、　　　　　　　　もここでお世話して　　　　　る。
・24時間いつでも面会に来れる。　　　　・寝たきりにセッションケアをしてくれる。
・いつも清潔にしてくれ、臭いが気にならない。　・面会の際、おいしそうな匂いがする。

（内容・工夫した点・苦労した点など）
職員、家族様に実施したアンケート結果をまとめ、多い意見をピックアップした。

（評価・今後に繋げてほしいポイント）
・アンケートにより、職員と家族の立場から自施設の強みを把握しています。
・多数の摘出項目から5項目に絞り込み重点指向で進めています。
・アンケート結果をグラフ化しましょう。

34

社会福祉法人　ささゆり会

■他施設との差別化を図る

①　A施設の見学　| 他施設へのベンチマーキング |

・家庭的な雰囲気を大切にされ、生活感のある施設。
・朝食時は、職員が1名で起床介助・食事介助を行って
いた為、入居者様がスプーンを落とされても対応に遅れ
ていた。
・ナースコールの音がなく、バイブでの対応をされており、
施設・病院といった印象は感じられなかった。
・立位がとれない入居者様は、日中でもパット交換の対
応をされていた。

（内容・工夫した点・苦労した点など）	（評価・今後に繋げてほしいポイント）
他施設に見学に行き、学ばせていただき差別化を図った。	・他施設のベンチマーキングにより、良いところを取り入れる努力がされています。 ・他との比較により自施設の強みも把握できており差別化のヒントを掴んでいます。 ・文章だけでなく写真や手法も活用しましょう。

社会福祉法人　ささゆり会

②B施設の見学

・古い歴史と豊かな自然に恵まれ、空間作りを工夫された施設。
・ 起きる時間、寝る時間、食事の時間、排泄の時間
が皆それぞれ違った。
・ 24hシートを活用した介助をされていた。
・一人ひとりが個別対応の分、職員の見守りの範囲が
増え大変そうな印象を受けた。
・パットなどの介護用品を持ち運ぶ際は、トートバック
などに入れるなどの配慮があった。
？

ひろみねとの違いは？　⬇

（内容・工夫した点・苦労した点など）	（評価・今後に繋げてほしいポイント）
ひろみねの強みを営業活動等で使用するチラシ作りの材料にした。	・自施設の魅力が浮き彫りになり、ＰＲ資料作りに生かしています。 ・他施設との比較表を作成し、評価することで、攻め所がよりクリアーになります。

社会福祉法人　ささゆり会

自施設アンケートと見学を経てひろみねの強みが分かった

1. 日中オムツはずしに取り組んでいる

2. 下剤を使わない排便を心掛けている

3. 面会の際に美味しそうな匂いが食欲をアップ
   させる

（内容・工夫した点・苦労した点など）	（評価・今後に繋げてほしいポイント）
アンケートを通して強みを知ることができた。	・アンケートの実施と他施設の調査により、セールスポイントを見いだしています。 ・先進的な施設においてもベンチマーキングが功を奏した事例として他の参考になります。

 社会福祉法人　ささゆり会

他施設との差別化事例－①

■日中オムツはずし

メリット：入居者様の自尊心を尊重
本人の意識低下防止（認知症・鬱予防）
残存能力の低下を防ぐ

・家族様にアンケート実施

　職員の排泄介助について満足していますか。

　「満足している」が100％の結果になりました。

「入所する前までは、オムツを常時使用していたが、現在は日中トイレで排泄してくださることで、本人の気持ちもしっかりしてきましたなど」の声を頂きました。

・日中のオムツ使用率

4月	5月	6月	7月	8月	9月	10月	11月	12月
0%	0%	3%	3%	3%	0%	0%	0%	0%

（内容・工夫した点・苦労した点など）	（評価・今後に繋げてほしいポイント）
家族様の意見を記載した。おむつ外しを実施することで利用者様本人の意識低下の防止にも繋がる。	・日中のオムツ使用率を時系列で把握して、施設の強みを検証されています。 ・家族の満足度100％は施設としての大きな誇りですね。利用者目線での活動成果が現れています。

社会福祉法人　ささゆり会

他施設との差別化事例－②

■下剤を使わない排泄

下剤を使うことのリスク
- 下剤を使用すると排便のリズムが乱れてしまう。
- 下剤を常用すると耐性がつき、更に下剤の量や種類を増やす必要が出てくる。
- 下剤の副作用によっては酷い腹痛や突然の下痢症状が生じることがある。

クッションを使用

入居者様にあった座位姿勢を保っています。

入居者様に腹圧をかけ、下剤を使わないように心掛けています。

（内容・工夫した点・苦労した点など）	（評価・今後に繋げてほしいポイント）
本人に合った座位姿勢を保つことで下剤を使わず、自然に排泄が行えるようになった。	・リスク評価をしながら慎重に対策を実行しています。介護施設としての安心・安全の姿勢が貫かれているところは評価に値します。

社会福祉法人　ささゆり会

他施設との差別化事例－③

■食事の満足度を上げる

・食事は入居者様にとっても楽しみの一つとされています。ささゆり会の10か条にもある「感染症・食中毒をださないように衛生管理を徹底し、美味しい食事をだすことに努めます」という考えを基に入居者様の生活満足度を高めていけるよう努めています。

季節に合ったメニュー

おせち料理(元旦)　　朝食　　　　昼食　　　　おやつ　　　夕食

・家族様にアンケート実施（食事について）

「満足している」が100％の結果になりました。

（内容・工夫した点・苦労した点など）	（評価・今後に繋げてほしいポイント）
日ごとに決まったメニューを提供している。家族様へのアンケートを実施し、満足度が得られていることが分かる。	・食事の満足度100％は驚異的な実績ですね。過去の取り組みを含めて、なぜ向上したのか内容の紹介が望まれます。

社会福祉法人　ささゆり会

2）簡易で記入しやすい申込用紙の作成

1．申込み書類の見直し

施設の利用料金をわかりやすく色付け。

入所時に必要な書類の書式を変更。

「特養の施設とは何？」と見学時によく質される項目を抜粋しQ＆Aを作った。

作成したちらしを同封。

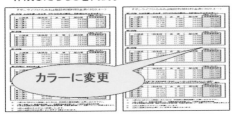

カラーに変更

**特別養護老人ホームへの
ご質問Q＆A**

EX)
Q:どのような人が入居できますか？
A:年齢及び要介護認定区分が65歳以上かつ要介護3〜要介護5までの方が（姫路市の方に限る）で、常時介護を必要とし、在宅において介護を受けることが困難な方が入居対象となります。

Q:医療行為とは何ですか？
A:当施設での常時医療行為は①常時喀痰吸引が必要な方②インスリン注射が必要な方③胃ろうを希望される方がこれにあたります。看護師の配置人数が少ない為常時必要とされる医療行為の受け入れが困難となっています。

追加しました

（内容・工夫した点・苦労した点など）	（評価・今後に繋げてほしいポイント）
誰が見ても分かりやすいように申し込み用紙をカラーにし、Q＆Aやチラシを作成することで分かりやすく変更した。	・利用者の立場に立ち、自分たちで帳票類を改善・作成したのが良かったですね。 ・カラー版にして可視化の工夫をしたのも成果につながりました。資料の文字ポイントに注意しましょう。

社会福祉法人　ささゆり会

3）施設の知名度を高める

■現在入居されている家族様に質問(アンケート実施)
当施設を知ったきっかけは何？

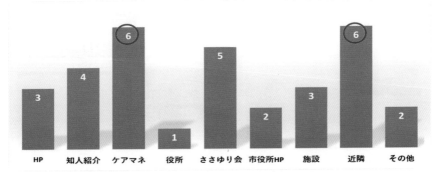

調査結果をもとに、近隣の方とケアマネの紹介が知った
きっかけになっていることが分かる。

（内容・工夫した点・苦労した点など）	（評価・今後に繋げてほしいポイント）
今後、アプローチをかけていく場所を把握する必要があった。そのために現在入居されている家族様にアンケート調査を実施した。	・家族様アンケートの実施は定性的データアップの好事例として評価されます。 ・介護の現場で数値データの採取が難しい場合はアンケートを積極的に活用しましょう。

社会福祉法人　ささゆり会

１．知名度に関するアンケートを実施する

・まず姫路市内の居宅支援事業所・地域包括支援センター・グループホームに当施設の知名度調査アンケートを実施。

・比較をする為同じ内容のアンケートを8月と11月に実施しました。

アンケート調査内容

EX)
1 当施設の名称をご存じですか？
　□知っている　　■知らない

2 当施設の場所はご存じですか？
　□知っている　　■知らない

3 当施設に見学に来られたことがありますか？
　□ある　　　　　■ない

サンライフひろみね認知度
現状値（8月時点）知っている 83%

8月実施
■知っている　■知らない

| 52 | 10 |

目標値（11月時点）知っている 90%

（内容・工夫した点・苦労した点など）	（評価・今後に繋げてほしいポイント）
特養入所のきっかけとなるケアマネージャーへのアプローチを実施した。市内の居宅介護支援事業所等に対して当施設の知名度調査のアンケートを実施した。	・管理特性「利用者数」の主要な指標になる施設の認知度について、目標値を設定して活動を推進しています。

社会福祉法人　ささゆり会

４）職員の営業力向上
①接遇マナー研修の実施

施設長より営業担当者（木村・鈴木・中前）が名刺交換の方法・接遇マナーについて研修を実施した。

分かったこと
・名刺交換には、受け渡し方にルールがあり、カードを交換するだけでなく、名刺がその人の顔になることが分かり、ビジネスには欠かせないものだと感じた。

（内容・工夫した点・苦労した点など）	（評価・今後に繋げてほしいポイント）
名刺交換の方法や、接遇マナーについて学んだ。営業や接遇に対する知識や技術の向上が目的である。	・接遇マナーの取得は営業だけに限らず、利用者やその家族、その他関係者との接遇にも役立ちますね。 ・この機会を捉えた接遇研修実施は大きな収穫でした。

🌸 社会福祉法人　ささゆり会

②営業活動実施

居宅支援事業所・地域包括支援センター等へ新しいちらしと
パンフレットを持参し営業を行った。

居宅支援事業所…32件
地域包括支援センター…8件

営業効果
・他サービス事業所からの見学・問い合わせの増加

（内容・工夫した点・苦労した点など）	（評価・今後に繋げてほしいポイント）
営業活動を実施するにあたりアポイントメントを取ったが、訪問するためタイミングが合わず苦労した。だが、可能な限り足を運ぶことで他施設からの見学や問い合わせが増加した。	・自分たちで改善し作成した資料を持参して、40件の訪問営業を実施した効果が即座に現れています。 ・今後のために訪問で良かったこと、足りなかったことを整理しておくようにしましょう。

🌸 社会福祉法人　ささゆり会

5）地域との交流を深める

①本部で行われる敬老会に参加し、
営業活動を行いました。

②運営推進会議の際に、民生
委員・自治会の方にQC活動の
説明を行いました。

③老人クラブの集まりの際に、
営業活動を行いました。

（内容・工夫した点・苦労した点など）	（評価・今後に繋げてほしいポイント）
敬老会や地域で行われる老人クラブの集まりに参加させていただき、当施設のアピールができる機会を増やせるよう工夫をした。	・QCサークル活動では、波及効果としてプレゼン能力も醸成されます。地域交流という大切な場でそれが発揮できて良かったですね。 ・それぞれの組織における反響を記録しておくようにしましょう。

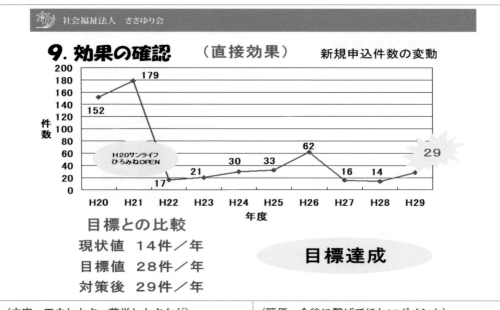

9. 効果の確認　（直接効果）　新規申込件数の変動

目標との比較
現状値　14件／年
目標値　28件／年
対策後　29件／年

目標達成

（内容・工夫した点・苦労した点など）	（評価・今後に繋げてほしいポイント）
確実に対策の立案、実施を行うことで目標を達成し、数値として目に見える効果を確認することができた。	・効果の確認が目標設定時と同じ尺度で把握されており、目標値との比較・達成度についても基本に忠実です。 ・管理特性「新規申込み者数」が記入漏れしないように。グラフ、目標とも。

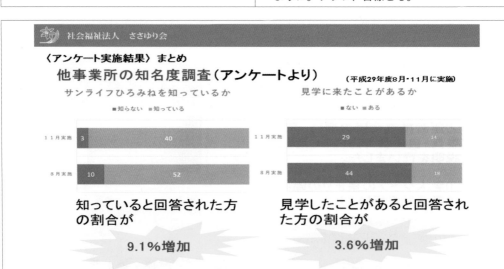

〈アンケート実施結果〉まとめ
他事業所の知名度調査（アンケートより）　（平成29年度8月・11月に実施）

サンライフひろみねを知っているか　　　見学に来たことがあるか

知っていると回答された方の割合が

9.1％増加

見学したことがあると回答された方の割合が

3.6％増加

サンライフひろみねの知名度が上昇してきている。
8月時点で当施設の知名度90％以上を目標設定！無事達成

（内容・工夫した点・苦労した点など）	（評価・今後に繋げてほしいポイント）
アンケートの実施結果により、目標としていた新規の申し込み者の増加に繋がる知名度や見学者の増加を数値として確認できた。	・間接効果「ひろみねの知名度向上」についても、定性的データで定量的に把握されています。 ・自分たちで地道に進めた活動の成果が確実に表れていますね。

社会福祉法人　ささゆり会

10. 無形効果

①営業により、今まであまりなかったケアマネの見学が増加した。

②QCメンバーが営業の研修を受けることで、今後管理者や相談員
　以外も営業活動を実施できるようになった。

③自施設の魅力（強み）を改めて見つめ直し、他施設と差別化する
　ことで職員の仕事に対するモチベーションが上がった。

④老人クラブ等の地域行事に参加させて頂くことで、自施設を地域
　住民に知ってもらうことができた。

（内容・工夫した点・苦労した点など）	（評価・今後に繋げてほしいポイント）
職員のモチベーションや、営業の知識や技術の向上は普段の業務の中ではなかなかできず、数値にも表れにくいがQC活動によって行うことができた。	・管理者を除くメンバーの手で営業活動ができたことは施設としての大きな収穫です。 ・無形の効果は、職員やサークルのスキル向上が大切な評価の尺度になります。その意味で素晴らしい活動になりましたね。

 社会福祉法人　ささゆり会

11. 標準化と管理の定着

何を	何故	何時	何処で	誰が	どうする
パンフレット書類を	見直しの為に	都度	事務所	事務職員	変更
地域との交流を	施設認知度の向上の為に	半年	イベント	職員	パンフレット配布
強みを	介護の質向上の為に	半年ごと	各ユニット	介護職	勉強会会議
営業を	申し込み増加の為に	半年	各居宅・包括など	職員	宣伝

（内容・工夫した点・苦労した点など）	（評価・今後に繋げてほしいポイント）
表にまとめることで、標準化と管理の定着を目に見える形で確認できた。	・５W１Hで、活動成果の継続が図られています。 ・標準や決め事が守られ維持されているか、定期的にチェックするように心がけましょう。

社会福祉法人　ささゆり会

12.活動の反省と今後の課題

・申込みの件数は把握していたが、見学者の統計をとっておけばよかった。

・QCメンバー以外の情報共有が上手くできていなかった。

・施設見学会など、もっと施設を知ってもらう企画を立てていきたい。

・今後継続して、社会福祉法人ささゆり会の基本理念である

①基本的人権の尊重　　②健全育成・援護の実現

③社会的自立の助長　　④社会福祉への助長

を念頭に入居者様・家族様に満足していただけるサービスの継続を行っていきたい。

（内容・工夫した点・苦労した点など）	（評価・今後に繋げてほしいポイント）
事前準備として、足りない部分や情報の共有がうまくできないことがあったため、次回の活動に活かしていきたい。	・活動を反省し、今後の活動の方向性と継続への決意が示されています。 ・活動継続のために次回のテーマを検討しておきましょう。

社会福祉法人　ささゆり会

13. 上司の支援

施設長から
・接遇・営業研修を行っていただいた。
・チラシ、アンケート内容についてのアドバイスをいただいた。
・対策案に沿って支援、指導をいただいた。

（内容・工夫した点・苦労した点など）	（評価・今後に繋げてほしいポイント）
上司に相談をし、支援を受けることでスムーズにQC活動を進めていくことができた。	・このテーマは管理職が取り組むべき大テーマですので、上司の支援・指導を適切に受けている点は運営の工夫として評価できます。 ・自主的な活動であっても上司の指導・支援は不可欠です。今後もこの姿勢を大切に。

活動を終えてチームとしての感想

社会福祉法人　ささゆり会

■この活動が、自施設の魅力について、改めて考える良い機会となりました。また、いくら魅力があってもその魅力を「伝える努力」をしなければ、世間での認知度は上がらないということがわかり、営業活動の大切さを実感しました。

■地域や他事業所等に出向くという今までに経験がないような活動をすることで、メンバーのスキルアップにも繋がりました。

■QC活動は、結果が出れば終わりではなく、その活動を継続していく必要があります。また、今後の福祉の充実や向上のため、私たち自身が、常により質の良いものを求める向上心を備えながら、日々の業務に励んでいきたいと思います。

（内容・工夫した点・苦労した点など）	（評価・今後に繋げてほしいポイント）
目標達成という結果に加えて、メンバーの個々のスキルアップや意識の向上を実感することができた。	・感想の3項目、「伝える努力」「メンバーのスキルアップ」「継続と向上心」はＱＣサークル活動の本質に通ずる言葉です。 ・多くの聴講者に勇気と感動を与えたことでしょう。自信と確信をもって今後の活動を。

岩下：まず、このテーマについて利用者数の増加については、本当は管理者の仕事ですよね。それをテーマに自分たちでやってみようと思ったのはどうしてか教えてほしいです。

① テーマの決定

木村：まずテーマをこれに決めるまでにひろみね全体でどのようなことをテーマにしようかアンケートをとって多い内容をメンバーで話し合って決めました。テーマを決める前に、表皮剥離等がどうかとの意見も出ましたが、薬の関係でなりやすいこともあるためQCで進めていくには難しいということになり、メンバーで多数決をとり、このテーマに決定しました。

岩下：当時は西川施設長でしたよね。施設長との話を持ちましたか。

木村：メンバーでこのテーマでやっていきたいと伝えました。岩下先生にも上司の手助けが必要になってくると思うのでとの助言があったため相談しました。

岩下：こういうテーマを自分たちで決めるということは素晴らしいことですよね。西川施

設長が指示をされたのかと思っていました。メンバーもそれで納得されたのですか。

木村：メンバーで最終的にはテーマ選定をしました。

岩下：それをやれる自信はありましたか。営業経験等がなかった中見通しはありましたか。自分たちで進めていけると思いましたか。

木村：自信があるかと聞かれると不安もありましたが、営業をしたことがないですし、勉強にもなると思いました。営業は、自分達の施設を売り込むということなので施設のことを知るというきっかけにもなると思いました。自分たちの施設を見直す、したことのない営業ですが、将来的に管理者になったらそういった経験をしていたほうがいいと思いました。

② サークルの編成

岩下：サークルの編成ですがリーダーとサブリーダーはどうやって決めましたか。

西川：経験年数順に考えていましたが、木村をリーダーにしようと思っていたのは、前年度のQC活動を行っていたのである程度QCの流れについて理解をしているのではないかと思い決めました。

岩下：木村さんは入社何年目でしたか。

木村：３年目でした。

西川：その時にメンバーの一員として参加していました。

岩下：平均年齢が24歳でしたよね。若いグループですね。QCの経験者は何名いましたか。

木村：私１名だけです。

岩下：運営をする会合の参加率はどのくらいでしたか。

丸尾：100％です。勤務表作成時に相談員が全員出勤できる日を作ってくれてその日に集まっていました。

岩下：相談員が集まるチャンスを作ってくれていたのですね。大事なことですよね。

西川：自分達で決めようとするとずれがでてしまって、出席できたり出席できなかったりしてしまうため、いつ頃したいと伝え勤務表作成者に調整を依頼していました。

③ 目標の設定

岩下：一般企業でもグループ討議をしますが、会合の時間が取れないことが一番の問題です。そういった点では相談員が日程を調整してくれるのはとてもいいことですよね。

目標についてですが、利用者を 30％程度引き上げるのを 2 倍にするとの目標です。これはかなりの挑戦目標です。これはどうしてですか。

西川：私が相談を受けまして、2 倍でいけるかなと思ったのはオープン以降、特養なので営業は必要ないかなと前任の施設長からの引継ぎがありました。特に営業をしなくても大丈夫だと思って進めていました。営業をすることによって増えるのではとの思いがひとつです。もう一つは、支援している内容を見直し同じグループのなかで介護の統計をとっているのですが、ほかの施設よりも高い結果がでているのでそれをアピールしていけば、効果が得られるのではないかと考えました。

岩下：達成の見込みがあったわけではないのですね。

木村：明確なことが見えていたわけではないです。

岩下：要因の解析を見てみたら、要因が 70 項目くらいでています。それを 4〜5 項目に絞り込んでいますよね。これはどんな方法で突き止めたのですか。

丸尾：メンバー全員の持ち点投票方式で絞り込みました。

岩下：対策・実施です。営業をされましたが準備は何をしたのですか。

木村：営業に行くために自施設のことを知らないといけないと思い、準備のために強みを知るということで、家族様や職員自身がどういったことを強みと思い働いているかをアンケートをとって確認したり、ほかの施設と比べてみて自分たちの施設の良いところを売っていくためのチラシを作りました。

岩下：何施設見学に行ったのですか。

④　自分たちの施設の強みは

木村：2 施設です。他施設を見て、ひろみねの良いところをさらに売っていくためのチラシを作りました。

岩下：自分たちの置かれているところの確認と他施設の良いところがあればそれを学ぶということですよね。学ぶところはありましたか。

丸尾：他の施設は、ナースコールが鳴らず、PHS のバイブレーションが鳴っていまし

た。ひろみねでは、フロアでも大きな音で鳴り響くのですが、そういったことが一切なくPHSで確認できるため、静かな雰囲気で施設ではなく家にいる感覚がありました。

岩下：ささゆり会はレベルが高いと思っていましたが、それでも学ぶところがあるということですか。

丸尾：それと、排泄時はトートバッグに排泄物のパット等をいれていて配慮されていると感じました。

岩下：強みを感じましたか。

丸尾：見守りがしっかりできていると感じました。食事介助の際も一人での介助ではないためトイレを希望する方がいても、もう一人がフロアの見守りができます。それは強みだと感じました。排泄面でもパット交換ではなく、トイレに行くためトイレでの排尿や排便が適っているため利用者様の活性化に繋がっていると思います。

岩下：強みが確認できましたよね。強みを生かした営業活動はどのように行いましたか。

木村：ひろみねはこういうところを頑張っていますとアピールポイントを記載したチラシを作りました。何か持っていかなければ伝えられないのでオムツ外しや、下剤を使用しないで排便をしていますなど「売り」を記載し、それをもって営業に行き話を聞いてもらいました。

西川：特養は、介護度が４か５になっている方が入所されています。そのため、ある程度諦めておられトイレに行きたいけどオムツで仕方ない等の思いをなんとかしなければと考えて働いていますので、それは他の施設にはないところかと思います。それが強みなのではないかと思います。

笹山：営業はどこにいったのですか。

木村：まず、近隣の地域包括支援センターや居宅介護支援事業所は一番入居につながる場所なので行きました。地域の自治会の行事等でもお話をさせていただきました。

岩下：その時の反応は。

木村：それですごく伸びたわけではなく、見学者が増えました。居宅のケアマネさんからの紹介を受け見学に来て下さったり、興味を持って頂くきっかけになりました。

岩下：西川施設長からどんな支援をしてもらいましたか。

木村：施設長からは営業に行くための研修をしてもらいました。基本を教えてもらいました。営業に回ったメンバーは３名ですので、それぞれに指導していただきました。

岩下：西川施設長はどうですか。

西川：そうですね、アポイントメントの取り方や名刺の渡し方を研修しました。

岩下：こういったことを勧めると管理者が一番楽するということですよね。こんな強みないですね。うまく機能したかなと思います。

木村：ささゆり会は、デイサービスや居宅介護支援事業所などがあるため他の部署に移った時にこの経験が役に立つのではないかと思います。経験がある人とない人ではやはりそういった経験をしているほうがよいと思います。

岩下：それは本部長が、かなり関心を持ち力をいれておられると外部から見て思います。そういった強みを生かすということが他施設との差別化を図ることに対策を含めて役立ったということですか。役立ったから結果が出たんですね。

西川：法人内でもできることと、できないことがあり、ひろみねでは達成できていることが多くありました。ということは、ほかの施設でも達成が難しいこともあると思います。ベンチマーキングしてみても、「うちではこういうことができているよね」と確認ができているので、今までやっていることが差別化に繋がっていると思います。

岩下：営業を40件していますよね。これを分担したのですか。

木村：3人で行きました。リーダーとサブリーダーの2名で分けて回りました。

岩下：西川施設長も参加したのですか。

西川：メンバーではないので助言だけしました。

岩下：本部長素晴らしいことですよね。

笹山：営業といえば、介護の分野では20年前は営業はほぼなかったです。デイサービスは株式会社等もできるようになったため競争が激しくなり営業が必要になりました。特養も営業が必要なのではないかとサンライフひろみねでは考えたようです。目新しく差別化になったと思います。

岩下：待ち人数が300人や500人となるような時代においても営業が必要ですよね。

笹山：特養でも営業がいると思います。申し込みがないと現状がわからないし、家族様も入れないと諦めているところがあるため、一番最初に緊急を要する人から入所してもらうため申し込んでも諦めている方が多いです。申し込みをしてもらうことで現状把握ができると思います。

岩下：効果確認ですが、目標をほぼ達成していますよね。何が一番良かったのでしょうか。

木村：営業に回って、ケアマネさんが関わって入居に繋がると思うので、ケアマネさんが

紹介して下さる等の効果が大きかったと思います。

岩下：直接の効果はそういったことですが無形の効果はどんなものがありましたか。

木村：意識をしないと自分の施設の良いところを考えないので最初にアンケートをとって、こういったことを頑張っているということが確認でき、気持ちのモチベーションアップになりました。私たちのしたことのない営業を経験できたことや数字としては表れていませんが、ケアマネさんなどが見学してくださったりと効果が出ています。

丸尾：初めてのことで、上手くいくのかと心配しました。結果をみて意味があることだと理解できました。経験がなかったので、こういうことをして結果が出るのかということがもともとの不安要因にありました。

⑤　営業の成果は

岩下：リーダーが2年目3年目の方ですよね。人を動かし、賞をもらえるようになってすごいと思います。リーダーは、経験がなく地域包括や居宅介護支援事業所に異動してそこで経験したことが役に立っているのではないかと思います。他地域への貢献は。

西川：知ってもらえる機会づくりになったことが一つ。今までは、特養だからと営業をしませんでした。しかし、今回営業をしたことによって地域の中にこういう施設があることを知ってもらえたことがよかったです。申込数が減っていたとしても、空き居室がないためそこについては、現状では貢献できているとはいえないのですが、後々のことを考えると知ってもらうことにより申し込みが増え、そして差別化される時代になった時に選んでもらえる施設になるという未来的な貢献ですが感じます。

笹山：ひろみねの場合はユニット型で地域密着型の小さな施設（定員29名）です。費用も御立に比べて本人の自己負担が倍ぐらいします。そうなると月に11〜15万円くらい自己負担します。御立だと平均で7万円くらいです。15万円払って特養に

入る人は厚生年金がある人になります。ひろみねの特徴を出していくためには営業をしていかないといけないことになります。

岩下：社外発表をして、支部長賞をもらって高い評価を受けていますが、感想は。

丸尾：正直本当かなと思いました。会場ではもらっておらず他の会場もあり、他の発表は聞いていないため、本当に僕たちの発表がと思いました。頑張っていましたが、ほかのサークルも頑張っているため驚きでしかなかったです。

岩下：プレゼンテーションにおいてもほかの会社の方が圧倒的に歴史があるので、うまいですよね。サンライフひろみねは中身が良かったということですね。

丸尾：専門用語を使ってもわからないことが多かったですが、わかりやすいサークルは補足説明があったので誰でもわかりやすく発表することが大切だと思いました。どこの会社も社内発表をそのまま社外にもっていくとわからないことがあるため、わかりやすくすることは、学ぶところだと思いました。

岩下：福祉の事例は分かりやすいですよね。専門用語がありますが、内容が解りやすいためプレゼンテーションをあまりしなくても他の人に理解してもらいやすいと思います。今回の活動で何を一番ＰＲしたいですか。

丸尾：ひろみねを知ってもらうことです。

西川：自分たちで強みを確認したときに、「自分たちは頑張っているんだ」ということに誇りをもって働いているということを知ってもらわないともったいないという意見が出ていたので頑張りを知ってもらう良い機会になったのではないかと思います。

⑥　職員のモチベーションを高める

岩下：発表を含めてモチベーションをどう高めるかということですが。介護の世界が厳しくなってきていますが、満足度を高めることが課題になってきていると思います。日本でもささゆり会は福祉業界のQCではトップクラスだと思います。自分が自覚して自分自身を高められると感じたかどうかですが。

丸尾：感じました。

木村：モチベーションを上げるためには、こういったことは大事かなと思います。何が普通かではなく、ひろみねの中だけが普通だと思ってしまいます。他施設を見学することで、ここが良かったことだと思えたり、他施設から学ぶこともあり、もっと頑張ったらいいと思えることのほうが印象が残りやすいのかなと思います。なかなか確認す

ることができないのでそれを確認したうえでモチベーション向上に繋げていくことが大切だと思いました。

岩下：自分たちの立ち位置を確認するということですよね。施設長は見守りながら参加していたと思いますがどうですか。

西川：もともと、テーマが出た時には、驚きがありました。介護内容で突き詰めていくかと思っていたのですが、自分たちでやっていくという思いだったのでサポートに回りました。

笹山：今、世間では介護が３Ｋ、４Ｋと悪い面だけが言われていますが、介護の一番良いところはやりがいがあり、利用者様や家族様から感謝の言葉をたくさん頂くことができます。しかしそのようなことが報道されることはない。報道機関は介護の良いところをもっと広めていってもらえたらこれからの介護業界にとってプラスになるのではと思います。

岩下：北欧のテレビを見たことがあります。北欧と日本の違いは自立支援だと言っていました。それを見て福祉業界のQCに携わりたいと20数年前に思い指導を始めています。本部長からは何かありますか。

笹山：上司の責任は、職員がモチベーションを高め成果を出していくことだと思っています。西川施設長が営業についてのアドバイスをして職員が営業に回って成果に繋げていくことができたことは大変良かったと思っています。福祉業界は、職員が頑張っていることだけが評価されますが私は、それが成果に繋がらないといけないと思います。QCサークルの良いところは、結果はどうかと数字が出ることだと思います。それとチームワークが取れることだと思います。

岩下：結果を求めてはいけないとも言われますが、結果も必要だと思います。それとモチベーションを上げること。QCは人材育成だけではなく、心だけでは介護ができないためサービスを提供するとコストも必要になります。まだ、チャンピオン大会での発表が残っていますから頑張ってください。ご苦労様でした。

みんな：ありがとうございました。

2　EPAを通してベトナムから来日した職員を囲んで
　　［サンライフ御立での職員座談会］

出席者：岩下吉弘（コーディネイター）
　　　　改発幸世
　　　　ホー　ディン　トゥアン
　　　　フン　ティ　トゥイ　チー
　　　　井本美奈子
　　　　溝口亜希
　　　　笹山周作

**特別養護老人ホームサンライフ御立
パクチーナンプラーサークル
「特別養護老人ホームEPA職員の能力向上」**

**事例2
【課題達成型】**

★今回の活動の想い★
外国人職員を受け入れるにあたり、その基礎となる流れを確立し今後に繋げていきたいという想いをもって取り組みました。

1.テーマ選定　（マトリックス）

テーマの候補 決定	入居者様満足	施設の期待度	活動の難易度	経済的な効果	課題の魅力性	家族の期待度	相乗積	選定順位
EPA職員の能力向上	6	6	3	4	5	5	10800	1
オムツ料金が高い。	2	2	2	2	3	4	192	5
コミュニケーション力が低い。	3	3	5	1	4	3	540	4
現場徹底力が低い。	5	5	4	6	2	6	7200	2
ケアプランの魅力をあげる。	4	4	1	5	6	2	960	3
他職種との連携が弱い。	1	1	6	3	1	1	18	6

（内容・工夫した点・苦労した点など）	（評価・今後に繋げてほしいポイント）
主任、相談員といった上位メンバーの集まるサークルだからこそ、外国人職員受け入れの流れの基礎作りを主導できるのではと選定した。	・テーマ選定マトリックス図を活用、職場の問題を6項目の要素で評価し、絞り込んでテーマを決定しています。 ・評価点の集計を乗法で行い優先度が鮮明になるように工夫しています。

上位方針

■施設の方針

①法人理念「健全育成・援護の実現」
②サンライフ10ヶ条より
「職員の持つ専門性をよりいっそう高め、利用者様一人ひとりに合った個別サービスを実現します」の方針に合致するため。

（内容・工夫した点・苦労した点など）	（評価・今後に繋げてほしいポイント）
外国人職員であっても専門性を持って働くために能力向上は不可欠である。	・上位方針を正しく理解したうえで、活動テーマとの整合を確認しています。 ・施設方針だけでなく上司の意見も参考にすることが後々の指導・支援を受けるうえで重要になります。

■テーマ選定の理由

①人手不足の中、国内での採用が難しくなっており、外国人職員の採用が不可欠である

②平成30年4月に新施設、特別養護老人ホームサンライフ西庄開設により職員異動があるため、外国人を含む職員全体のボトムアップが求められている

（内容・工夫した点・苦労した点など）	（評価・今後に繋げてほしいポイント）
新しい施設が開設することで職員の異動はさけられない。全体の介護技術のレベルアップが求められる。	・外国人職員の介護技術向上の必要性とテーマに選定した理由が明確に示されています。 ・職員の採用状況や外国人の採用比率などをデータで示すことにより説得力が増します。

EPA候補生(EPA職員)とは

経済連携協定に基づいて日本の介護施設で就労・研修をしながら、日本の介護福祉士資格の取得を目指す方々のことを言います。

技能実習生
・日本語能力検定N4レベル
・1年間でN3の取得が必要

EPA職員
・日本語能力検定N3以上必須
　（ベトナム）
・3年又は4年制の看護学校卒業

技能実習生よりも日本語能力が高いため、比較的短い時間の教育が可能

介護福祉士の資格を取得すれば日本での介護の永住権があたえられる

（内容・工夫した点・苦労した点など）	（評価・今後に繋げてほしいポイント）
EPA職員は日本人と同じ実務経験3年で国家試験を受験し、介護福祉士資格の取得を目指している。	・メンバーとしてＥＰＡ候補生について正しく理解し、第三者にも納得してもらえるように専門用語の解説が丁寧にされています。 ・対象者について理解することは、「ありたい姿」を設定するうえでのポイントになります。

「手順の選定」

「 特別養護老人ホームEPA職員の能力向上 」

経験のない仕事

取り組むテーマ
の対象は

従来からの仕事

対策の検討は
ついているか

見当がついている

見当がつかない

できない

要因の解析が
できるか

できる

課題達成の手順
・良さの追究が目的
・方策の立案が中心

問題解決の手順
・悪さの原因究明が目的
・要因の解析が中心

施策実行の手順
・対策が見えている
・対策重視の活動

（内容・工夫した点・苦労した点など）	（評価・今後に繋げてほしいポイント）
今回の課題は経験のない仕事に分類され、方策の立案が中心となるため課題達成型の活動に取り組むことになった。	・代表的な３つの手順のうち、テーマがどれに該当するか、フローチャートを活用して課題達成型を選択しています。 ・「要因の解析ができない」のルートではなく本テーマの場合「経験のない仕事」が適切です。

２．現状把握
①ベトナム人の理解

（職員アンケートより）

◆日本人はベトナム人を理解していますか?

YES **38%**

NO **62%**

（内容・工夫した点・苦労した点など）	（評価・今後に繋げてほしいポイント）
この時点で一期生のEPA職員１名と、すべての部署に各１名の２期生のEPA職員がいたが、半数以上がベトナム人を理解していないという結果となった。	・外国人職員の教育を行う前提として、対象者について日本人職員の理解度を調査し攻め所に反映させる努力がされています。 ・アンケートの対象者と母数を明示することが大切です。

②ベトナムと日本の違い

	ベトナム	日本
休憩時間	朝が早く仮眠の時間がある	特に仮眠の時間はなし
物価	海外の物以外は日本の3分の1程度	国産の食品等は値段高め
仕事	週休2日が基本	週休2日が基本
平均年収	年収40万円	年収400万円
医療	老人介護の概念がまだない	老人介護は社会問題
平均寿命	76歳　事故死が多い（認知症の方が少ない）	83歳　ガン等病死が多い（認知症の方が多い）

日本が高齢化社会になったのは1970年、ベトナムでは2017年に高齢化社会となった。民間の有料老人ホームは、比較的裕福な高齢者を対象としており、ハノイ近郊を中心に10カ所程度設立されている。老人介護の概念はまだなく、介護保険もない。まだ施設介護は一般には浸透していない

※高齢化社会＝人口に占める65歳以上の方の割合が7％を超えている状態

（内容・工夫した点・苦労した点など）
最も違うのは、給料と「認知症によって介護の必要がある高齢者」が少なく、介護というものが一般に浸透していないということ。

（評価・今後に繋げてほしいポイント）
・「分けて比べて違いを見つける」の考え方で現状を把握しており、攻め所選定シートの作成に生かされています。
・層別の考え方は問題・課題解決の基本ですので今後もおおいに活用してください。

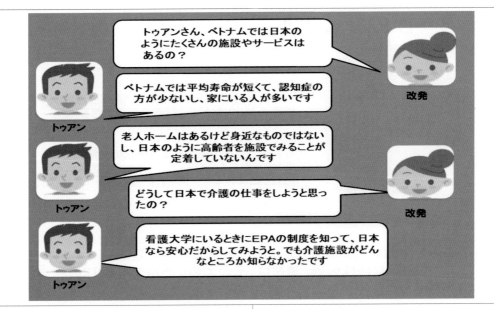

（内容・工夫した点・苦労した点など）
彼らは、看護大学で学んでいたものの、老人介護についてほとんど知らない状態で実際の現場を見て驚いた様子だった。

（評価・今後に繋げてほしいポイント）
・面談により直接意見交換を行い対象者の現状を把握しており、お互いを知り信頼関係を構築するうえでも的を得た進め方といえます。

③ 業務のレベル

施設の仕事をする中で接遇、業務、認知症など細かい項目に分けチェックリスト作成

指導者となるチューターとリーダーで評価を行った。

評価方法は1つの項目を3つに分けて行う 全てできれば◎、2つなら〇、0なら×

1項目 3点として　45項目を評価した

現状平均値：92点／135点

EX)新入職員用チェックリスト①
担当・担当居室について任せることができる
・担当居室の入居者様のことが理解できている
・担当居室の利用者様と信頼関係が築けているといえる
姿勢・誰よりも早く業務に動いている
・積極的に業務を知り業務に当たろうとしている
・気づいたことを放置せず、すぐ対応する

（内容・工夫した点・苦労した点など）	（評価・今後に繋げてほしいポイント）
日本人職員の新人職員が使用するチェックリストをさらに細かく分類し、レベル①からレベル③のリストを使用して現状の把握を行った。	・外国人職員の教育必要点を明確にし、チェックシートに基づいた現状の介護能力を調査しています。データをグラフなどで可視化したい。 ・管理特性の確認と現状の介護能力レベルを数値データで把握しています。

④ 日本語のレベル

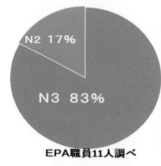

N2 17%

N3 83%

EPA職員11人調べ

現在のEPA職員の日本語能力

①日本語能力を測定するための検定で評価
・日本語能力検定N3とは
　日常的な場面で使われる日本語をほぼ理解し、新聞の見出しなどから情報の概要を得ることができる
・N2とは
　日常的な場面で使われる日本語の理解に加えまとまりのある会話やニュースから話の流れや内容、関係性などを理解し把握できる

この日本語能力検定は「読む」と「聞く」のテストである
EPA職員はN3は必須。現在は、その上のレベルであるN2の取得をめざしている

（評価・今後に繋げてほしいポイント）	（評価・今後に繋げてほしいポイント）
EPA職員として日本で働くにはN3が必須である。日常的な場面で使われる日本語の理解ができるということだが、仕事内でのやりとりは専門用語も含まれるため実際のやりとりには個人差も大きい。	・11名の日本語能力を把握し、N3レベルをN2レベルに引き上げることを攻め所選定シートの「ありたい姿」に反映させています。

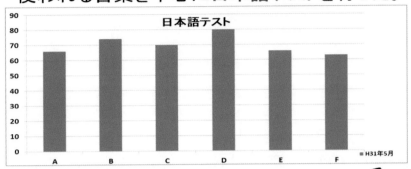

公的な検定の「読む」「聞く」以外の能力を知るため、独自の「書く」について介護業務の中で使われる言葉を中心に日本語テストを行った。

日本語テスト

（グラフ：縦軸 0〜90、横軸 A〜F、■H31年5月）

用語が難しかったかな？

平均点　69点　／　100点

（内容・工夫した点・苦労した点など）	（評価・今後に繋げてほしいポイント）
「書く」について能力を把握するためのテストは、普段の業務で使う介護の専門用語が多く含まれていることもあり難しかったようだ。文法などの理解もまだできていなかった。	・公的な検定だけでなく、業務に必要な独自の評価尺度で日本語能力を把握する工夫がされています。 ・グラフでは縦軸と横軸の項目を明記するようにしましょう。

3.攻めどころと目標の設定

特性・項目		ありたい姿	現在の姿	ギャップ	攻めどころ（候補）	評価項目 期待効果	採否
介護技術点		チェックリスト平均110/135	チェックリスト平均92/135	18点			
特性を実現させるための項目	EPA職員の介護スキル	次期EPA候補生の育成が介護レベルに達している	日本人が全ての指導・育成を行っている	EPA候補生のスキル不足	EPA候補生の介護技術・知識の向上	◎	採
	EPA職員の労働環境	日本の文化と生活に慣れ、他の職員とも助け合える	ベトナムの家族と離れ一人暮らしの不安がある	日本の生活に馴染めていない	異文化の理解を深める	◎	採
		責任感が強く安心して任せられるレベルに達している	日本人を頼りきっている	責任感が薄い	責任感の醸成	◎	採
	方法	日本語力がN2レベルに達している	日本語能力がN3レベルである	日本語能力が低い	日本語能力の向上	◎	採
	教育	ベトナム人に対する教育資料が整っている	ベトナム人に対しての教育資料が整備できていない	教育資料の不足		◎	採
	日本人（職員）	ベトナムの文化・生活習慣が理解できている	ベトナムのことがよく理解できていない	ベトナムの理解不足	ベトナム文化・風習を理解する日本人職員がベトナムを理解する	◎	採

（内容・工夫した点・苦労した点など）	（評価・今後に繋げてほしいポイント）
現在の姿と、ありたい姿のギャップから特性を実現させるための攻め所を割り出した。	・攻め所選定シートの作成が手順通りで基本に忠実です。 ・ありたい姿・ギャップ・攻め所の表現は経験者でも難点ですが、初めてとしては良くできており他のお手本になります。

■目標の設定

- **何を** ： EPA職員の能力向上
- **どのように:** 現状平均値：92点／135点
  目標平均値：110点／135点 (19%UP)
- **いつまで** ： 平成31年1月31日

目標設定の理由

日本人の新入職員は3ヵ月で110点以上で独り立ちになる為、EPA候補生は6ヵ月で110点を目指した。

(内容・工夫した点・苦労した点など)	(評価・今後に繋げてほしいポイント)
日本人の新入職員と同じように指導者をつけチェックリストに沿って教えていくやり方で、倍の時間をもって独り立ちできるように目標設定した。	・目標設定の3要素により、定石の数値目標で手堅く設定しています。6か月で独り立ちさせる期間設定は極めて挑戦的です。 ・なにを（管理特性）は「ＥＰＡ職員の介護能力」の方が適切です。

4.活動計画の設定

活動項目	役割分担	活動期間　計画日程(- - ►)　実施日程(—►)									
		4月	5月	6月	7月	8月	9月	10月	11月	12月	1月
① テーマの選定	石橋真 改発	-►									
② 攻め所と目標の設定	改発 トゥアン	--►									
③ 活動計画の作成	井本 松田		-►								
④ 方策の立案	チー 松本		--►								
⑤ 成功シナリオの追求と実施	馬場 溝口				--------------►						
⑥ 効果の確認	板井 馬場									--►	
⑦ 標準化と管理の定着	石橋 前田										---►

(内容・工夫した点・苦労した点など)	(評価・今後に繋げてほしいポイント)
指導育成に6か月をかけ、トータル10か月で活動終了となるよう計画を立てた。	・目標の「6か月で独り立ちさせる」ことを前提に活動計画が設定されています。 ・ガントチャートを有効に活用し、役割分担により責任を明確にしています。

5．方策の立案と評価

方策案	具体的な方法	効果度	実現性	評価点	採否
EPA候補生介護技術・知識の向上	チェックリストの見直し	◎	◎	10	採
	日誌の継続	○	○	6	採
	勉強会への参加	◎	◎	10	採
	教育材料を集める	◎	◎	10	採
	他施設への見学	○	△	4	否
	チューターとの固定勤務にする	○	○	6	採
	年1回本部長との面談	◎	◎	10	採
	HCCに参加する	◎	◎	10	採
	感染症、褥瘡委員会に入る	◎	◎	10	採
	認知症ケアの指導	○	○	6	採
責任感の醸成	役割を与える(居室担当、委員会行事担当、受診、外出)	◎	◎	10	採
	電話に出る	○	○	6	採
	急変者を率先して対応する	△	△	2	否
	今年度のEPAのチューター	○	○	6	採
	フロア会議に参加する	◎	◎	10	採

（内容・工夫した点・苦労した点など）
攻め所は、「介護技術・知識の向上」「責任感の醸成」「日本語能力の向上」「異文化の相互理解を高める」の4つとし効果度と実現性の評価で6点以上を採用とした。

（評価・今後に繋げてほしいポイント）
・攻め所に対する方策を検討し、多くのアイデアを出し合い、漏れなく具体策を立案しています。

方策案	具体的な方法	効果度	実現性	評価点	採否
日本語能力の向上	日本語の勉強会の時間を火曜、木曜に行う	◎	◎	10	採
	日本語のテストを行う	◎	◎	10	採
	介護福祉士の勉強会を第1、第2土曜に行う	◎	◎	10	採
	ベトナム語と日本語のマニュアルを作成する	◎	◎	10	採
異文化の相互理解を深める	リーダーとの話し合い	◎	◎	10	採
	主任、相談員との話し合い	◎	◎	10	採
	私生活のサポート(HPや在留カード)	◎	◎	10	採
	職員旅行へ参加する	◎	◎	10	採
	家族を日本へ招待する	△	△	2	否
	1年に1回ベトナムへ帰る機会を設ける	◎	◎	10	採
	地域の盆踊りへの参加	△	△	2	否
	御立祭りでの売店	△	△	2	否
	ベトナムの歌等のレクリエーションに取り組む	○	○	6	採
	クリスマス会でベトナム衣装を着る	○	△	4	否
	ベトナム人にベトナム料理を作ってもらう	◎	◎	10	採
	日本人の家にホームステイする	△	△	2	否

（内容・工夫した点・苦労した点など）
異文化の相互理解については、日本人教育と共通の技術、知識の向上と違い、どうすることがお互いを良く知ることなのか、手探りの状態であった。

（評価・今後に繋げてほしいポイント）
・具体策案について評価を行い、採用の可否を決定しています。
・特に異文化の相互理解については、多くのアイデアが出されており、生活環境面を重視した検討が行われたことがうかがえます。

6. 成功シナリオと実行計画

方策案	具体的な方法	誰が	いつまでに
EPA職員の 介護技術と知識 の向上	チェックリストの見直し	馬場	5月31日
	日誌の継続	松田	毎週
	勉強会への参加	松本	毎月
	教育材料を集める	井本	8月31日
	チューターとの固定勤務にする	改発	5月31日
	年1回本部長との面談	松本	1月1日
	HCCに参加する	松本	10月27日
	ベトナム語と日本語のマニュアルを作成する	松本	6月1日
	認知症ケアの指導	松田	10月28日
責任感の醸成	役割を与える（居室担当、委員会行事担当、受診、外出）	石橋	6月30日
	電話に出る	トゥアン	毎日
	今年度のEPAのチューター	トゥアン	毎月
	感染症、褥瘡委員会に入る	溝口	毎月
	フロア会議に参加する	石橋	毎月

（内容・工夫した点・苦労した点など）
技術の集大成であるHCCまでにある程度のことをやり進められるよう計画を立てた。

（評価・今後に繋げてほしいポイント）
・「成功シナリオの追究と実施」を遅滞なく進めるために、実行計画を作成して推進しています。
・「6か月で独り立ちさせる」大課題を実現するためには実行計画に基づいた、きめ細かなサークル運営が不可欠といえます。

日本語能力の向上	日本語の勉強会の時間を火曜、木曜に行う	井本	1月31日
	日本語のテストを行う	溝口	10月1日
	介護福祉士の勉強会を第1、第2土曜に行う	井本	1月31日
異文化の相互理解	リーダーとの話し合い	板井	毎月
	主任、相談員との話し合い	改発・溝口・松本	毎月
	私生活のサポート（HPや在留カード）	馬場	5月31日
	職員旅行へ参加する	改発	8月30日
	1年に1回ベトナムへ帰る機会を設ける	松本	12月4日
	ベトナムの歌等のレクリエーションに取り組む	トゥアン	11月30日
	ベトナム人にベトナム料理を作ってもらう	チー	12月31日

（内容・工夫した点・苦労した点など）
成功シナリオと実行計画は対策ごとに担当を振り分け、責任を持って実行できるように期日を決めて実施する計画を立てた。

（評価・今後に繋げてほしいポイント）
・実施に当たって役割と責任を明確にしており期限も確実に抑えられています。
・役割の分担は得意分野を優先しますが、人材育成の観点も考慮して決めましょう。

1）技術・知識の向上のための対策

（1）HCC（介護技術ケアコンテスト）参加を目指す

①介護技術の全国大会で最優秀賞を受賞した経験のある介護主任が、職員のレベルアップを目的として指導を実施した

ベッドに移りますね

大会にでるためにしっかり練習してね

フットレストを開かないと危ないよ　入居者様の足元もよく見て

そういうことも気をつけないといけないんですね

> コンテストは介護技術の集大成と言えるので、入賞を目指し訓練することが技術習得の近道と判断した

（内容・工夫した点・苦労した点など）	（評価・今後に繋げてほしいポイント）
日常の業務だけではなく、コンテストで入賞を目指して取り組むことが、それぞれのモチベーションにも繋がったと思う。	・介護技術の最高レベルを競うコンテストを目指して、外国人職員のレベルアップを図っています。極めて異例の取り組みです。 ・受講者と指導者が同じ土俵で目標に向かって挑戦する意味で効果的といえます。

②ＥＰＡ職員用介護技術マニュアルの作成

ベッドへの移乗時のエラーモード確認表
BẢNG XÁC NHẬN CÁC LỖI KHI DI CH...

分類 Phân loại	エラー原因 Nguyên nhân lỗi	事故内容及び… Ý nghĩa, đối…
ブレーキの確認 Xác nhận thắng / phanh	確認不足・意慢 Thiếu xác nhận　・Cẩu thả	・ブレーキの… ・Nếu…
センサーマット等の床の確認 Xác nhận dưới sàn , Sensor mat ...	確認不足・意慢 Thiếu xác nhận　・Cẩu thả	・センサー… ・センサー… ・床が濡れてい… ・Để thảm giặt… hơn, phí sức… ・Nếu hỗ…
ブレーキの確認 Xác nhận thắng / phanh	確認不足・意慢 Thiếu xác nhận　・Cẩu thả	・ブレーキをかけていないと、車椅子が固定できず移乗時、転落の可能性。 ・Nếu không cài thắng / phanh, xe lăn sẽ không cố định khi di chuyển, có khả năng sẽ bị té xuống.
ベッドの角度・高さ確認 Xác nhận góc độ và độ cao của giường	確認不足・意慢 Thiếu xác nhận　・Cẩu thả	・ベッドを水平にしなければ、無理な介助となり、入居者様・自分自身も身体の負担が生じます。 ・ベッドの高さも車椅子の高さ位にしましょう。高すぎたり、低すぎたりすれば、事故の原因・身体の負担に繋がります。 ・ベッドの高さを調整することで介護をしやすくなります。 ・Việc điều chỉnh độ cao của giường sẽ giúp việc hỗ trợ dễ dàng hơn. ・Nếu không đạt được góc độ ngang bằng với giường, thì sẽ phải chịu phát sinh thêm sức nặng của chính bản thân cũng như của người cần được hỗ trợ.

（吹き出し内）床上から介助すれ…　…ていれば、滑り危険。
…thảm giặm sốc hay Sensor mat trải lan dưới s…
…, phí sức, có thể dẫn đến tai nạn và gây cản trở cho…
Nếu hỗ trợ di chuyển trên Sensor mat có thể làm hư…
…なり、カ　Nếu sàn nhà bị ướt sẽ gây té trượt nguy hiểm.
…ブレーキをかけていないと、車椅子が固定でき…

> 日本語表記の下にベトナム語の表記を入れたマニュアルを作成し、それをもとに指導を実施した。細かいニュアンスは母国語で伝わりやすくなるようにした。

（内容・工夫した点・苦労した点など）	（評価・今後に繋げてほしいポイント）
介護主任の監修のもと、QCメンバーであるベトナム人職員が中心となって、自分たちがわかりやすいと感じるマニュアルを作成した。	・日本語と母国語を併記したマニュアルを作成しており、早期戦力化への有効な教材となり、施設の財産にもなります。 ・マニュアル作成にはＥＰＡ職員の貢献があり、QCメンバーに加えたことが功を奏しました。

③播磨介護技術競技大会(HCC)に参加

　介護技術を競い合う大会に選手として参加し、認知症の理解や技術向上を図った
食事介助部門、認知症対応部門などに分かれて
ＥＰＡ職員全員が参加した

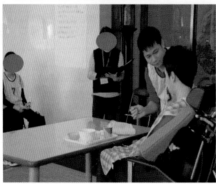

（内容・工夫した点・苦労した点など）	（評価・今後に繋げてほしいポイント）
緊張して普段の現場で行っていることや、練習したことを出し切れない職員もいたが大変良い機会となった。	・目標としてきた介護技術コンテストにＥＰＡ職員全員が参加しており、各ユニットで対策を徹底したことが実っています。 ・この成功体験は次の外国人職員の教育に必ず生きることでしょう。

認知症部門で最優秀賞に輝く！

よく頑張りました！
部署のみんなも
喜んでるよ

上司に褒められて
嬉しいです！！

日本人職員も多数出場するなか、
EPA職員が最優秀賞を
受賞しました。

EPA職員　　ケアリーダー

（内容・工夫した点・苦労した点など）	（評価・今後に繋げてほしいポイント）
事前に配布された問題を、班の職員と一緒に考え、練習した成果が表れ、まわりの日本人職員のモチベーションアップにも繋がった。	・日本人職員と対等に競い合いＥＰＡ職員が最優秀賞に輝いたことは、本人たちの努力はもちろんですが、「成功シナリオの追究と実施」が正しかったことの証左と言えます。

２）責任感醸成の対策
（１）感染症、褥瘡委員会に入る

　一人の職員としての自覚を持ってもらうために日本人職員と一緒に感染症委員会、褥瘡委員会に参加してもらった。専門知識を深め、実際のフロア業務の中で活かせてもらえるように指導を行った。

ケアリーダー　EPA職員

難しいですね。褥瘡の写真は初めて見ました

褥瘡は予防が大事です

褥瘡発生のメカニズムを理解しましょう

看護師

介護主任

（内容・工夫した点・苦労した点など）	（評価・今後に繋げてほしいポイント）
専門知識を深め、実際のフロア業務の中で生かせるよう、看護師、介護主任、ケアリーダーなど他職種が協力して指導を行った。	・いきなり各委員会に入ってもらい役割を果たすことで責任感を醸成する、課題達成型にふさわしい意欲的な方策と言えます。 ・職種を超えた取り組みは施設の課題ですので日常業務にも生かせるよう努力しましょう。

３）日本語能力の向上と
　　介護福祉士国家試験の受験サポート

（１）外部の日本語講師に来ていただき、日本語の
　　　勉強会を火、木曜日に行った。
（２）月２回の土曜日に、法人本部長が、介護福祉士
　　の受験講座を開催した。

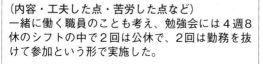

（内容・工夫した点・苦労した点など）	（評価・今後に繋げてほしいポイント）
一緒に働く職員のことも考え、勉強会には４週８休のシフトの中で２回は公休で、２回は勤務を抜けて参加という形で実施した。	・専門家に任せる部分と自責で行う方策を適切に仕分けして実行に移しています。 ・上司にも協力を仰ぎ、一体となって進めており理想的な運営がされています。

４）異文化の理解を深める対策
（１）マナー講習を兼ねた職員旅行への参加

みんなでUSJに行きました♪♪

（内容・工夫した点・苦労した点など）	（評価・今後に繋げてほしいポイント）
新入職員に対して施設で毎年行っている、マナー講習を兼ねた職員旅行に参加し、日本人との交流にも繋がった。	・新規対策だけでなく既存の企画に便乗して異文化交流を実施しています。

日本人職員と共に職員旅行にも参加してもらった

・ シンガポール旅行に参加

（内容・工夫した点・苦労した点など）	（評価・今後に繋げてほしいポイント）
職員旅行では法人本部長も参加し、良い交流の機会となった。	・上司を巻き込んだ運営がされています。 ・法人トップが本テーマの活動を積極的に支援されている姿が印象的です。

（2）ベトナムへ帰る機会を設ける

異文化の理解を深めるためとリフレッシュを兼ねて 1年に1回ベトナムへ帰る機会を設けた

（内容・工夫した点・苦労した点など）	（評価・今後に繋げてほしいポイント）
休憩時間に、帰郷の時の写真やお土産から話が弾み、日本人職員にとって異文化に触れる機会となった。	・日本人職員も同行するという双方向の異文化交流が実現しています。 ・サークルメンバーだけでは実行できない対策ですので、タイミングよく上司の支援を得ています。

（3）ベトナムの歌などのレクリエーションに取り組む

各フロアでベトナム職員による歌とダンスを披露してもらった。

大成功！
盛り上がりました

（内容・工夫した点・苦労した点など）	（評価・今後に繋げてほしいポイント）
利用者様、家族様にもベトナムの文化を知ってもらうことができ、好評を得ることができた。	・交流の場に、職員だけでなく、利用者様やその家族にも参加してもらい安心・安全の啓蒙に一役買っています。 ・欲を言えばご家族の感想がほしいです。

66

（4）EPA職員にベトナム料理を作ってもらう

ベトナム料理を作ってもらい利用者様、職員と
一緒に食べました。大好評でした！！

ベトナム風春巻き・さつま芋天ぷら

これも大成功

（内容・工夫した点・苦労した点など）
ベトナム料理を初めて口にした職員や利用者様に
大変好評で、ベトナムの家庭料理のことなど話題
も広がった。

（評価・今後に繋げてほしいポイント）
・食文化による交流企画は、異文化の溝を埋める
意味で効果大でした。方策立案ステップでのア
イデアが効いています。
・職員や利用者様のコメントが聞きたいですね。

7、効果の確認

新人職員チェックリスト

2月　板井作成

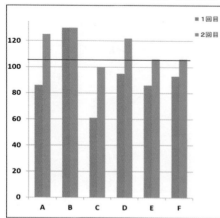

前回より２３点UP！

対策前：平均　　92点／135点
↓
対策後：平均115点／135点
目　標：平均110点／135点

目標達成！！

（内容・工夫した点・苦労した点など）
平均点は23点アップし、目標を上回る点数と
なった。135点中、100点を下回る職員はいな
かった。

（評価・今後に繋げてほしいポイント）
・有形効果では挑戦的目標を達成しており、初め
ての課題達成型での活動が正しかったことを証
明できましたね。
・上司との連携・協力を得られた点も評価に値し
ます。

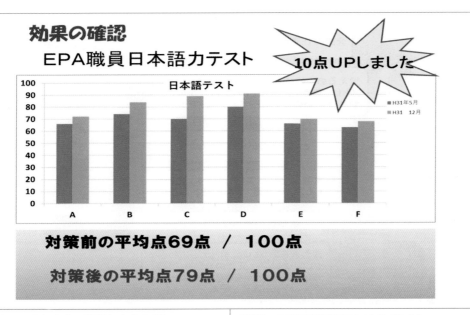

（内容・工夫した点・苦労した点など）
「書く」についてのテストも平均は10点アップした。書くことは難しく、苦手とする職員も多い中、全員が点数アップしたことはとても良い結果となった。

（評価・今後に繋げてほしいポイント）
・公式テスト以外の日常業務に必要な施設独自の日本語レベル向上は、各ユニットの強みとして、現場力の差別化につながります。
・公式テストのN2資格取得結果も把握したいですね。

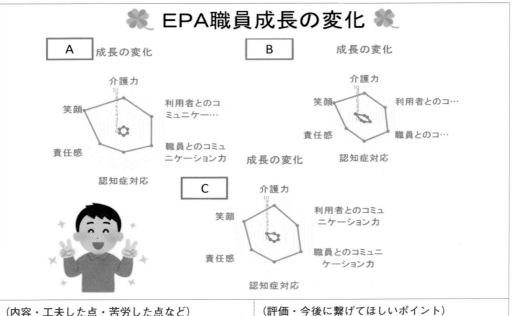

（内容・工夫した点・苦労した点など）
6か月の指導、取り組みによって介護力、利用者・職員とのコミュニケーション力、認知症対応、責任感、笑顔の6項目について全員大幅に成長した。

（評価・今後に繋げてほしいポイント）
・外国人職員の評価要素を独自に決定し、レーダーチャートにより成長を把握しています。
・無形効果の把握にはレーダーチャートが有効な手法です。評価項目の設定がポイントになりますので工夫して下さい。

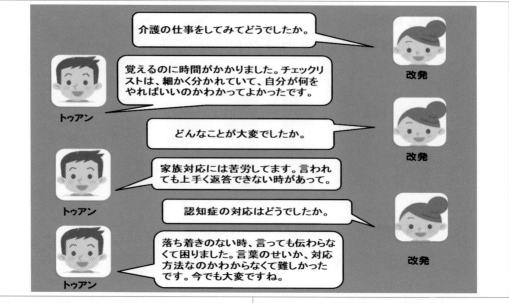

（内容・工夫した点・苦労した点など）	（評価・今後に繋げてほしいポイント）
認知症対応については、症状が何通りもあり今後もその都度学んでいく必要がある。家族様にも積極的に関わっていくよう指導を続ける必要がある。	・トゥアンさんについて、活動前後の面談による感想を聞いています。直接意見交換することで今後の課題が見えてきます。 ・家族様対応はデリケートな面もあり、弱点克服策を継続していきましょう。

無形効果

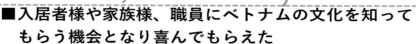

■入居者様や家族様、職員にベトナムの文化を知ってもらう機会となり喜んでもらえた
■HCCに参加しモチベーションアップにつながった
■サークル活動を通して仕事に対する役割意識と責任感が増した
■上司や職員とEPA職員との話し合う機会を設けた事で不安や悩みを聞くことができた
■チェックシートを活用することで細かなところまで気づき再度確認することができた

（内容・工夫した点・苦労した点など）	（評価・今後に繋げてほしいポイント）
細かいチェックシートで、指導する方も再確認することができ、目指すものも明確になった。	・無形効果の把握はメンバーやサークルの成長を評価する重要なステップです。 ・入居者様や家族様の理解を深め信頼を築く活動にもなりましたので、これらのことを大事にしていきましょう。

活動前後のメンバーの成長（10の力で評価）

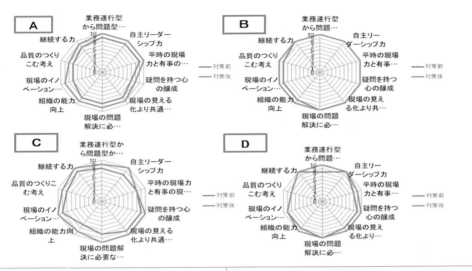

（内容・工夫した点・苦労した点など）
上位メンバーで構成されたチームであったが、各自がさらに力をつけることができた。

（評価・今後に繋げてほしいポイント）
・サークルメンバーについては、「QCサークル10の力」で成長度を把握しています。
・この評価法については一般的に普及していませんが、先進的な評価手法を活用されており、意欲的といえます。

8 標準化と管理の定着

何を	なぜ	誰が	いつ	どこで	どうする
HCC（播磨介護技術ケアコンテスト）の開催	介護技術の向上を促進する為	実行委員会担当者	毎年11月に	施設内で	計画し実施する。
マニュアルの作成	介護職員の業務を標準化する為	相談員、リーダー、EPA職員	平成31年1月までに	施設内で	作成する。
コミュニケーション	日本人スタッフと円滑に業務を進める為	EPA職員、リーダー	偶数月に	各職場で	計画し実施する。
チェックリストによるチェック	介護職員の現状と課題を把握する為	リーダー、チューター	毎月	各職場で	チェックを行う。
勉強会	日本語能力向上の為	日本語教育担当者	週2回	施設内で	勉強会を行う。

（内容・工夫した点・苦労した点など）
今回の活動を継続できるようマニュアルを作成し、それが実施できているか確認するためリーダーのチェックを行うなど標準化と管理の定着に努めている。

（評価・今後に繋げてほしいポイント）
・5W1Hできめ細かな標準化と管理の定着が図られています。
・マニュアルによる定期的なチェックは活動成果の維持継続に大切です。

反省と今後の課題

≪良かった点≫
・チェックシートを使用することで細かなところまで職員が気が付き
　再度確認することができた
・ベトナム文化の披露は、ベトナムに興味を持つきっかけになった
　し、文化を知るよい機会だった
・HCCに出場するEPA職員に班のみんなで指導ができた

EPA職員
・チェックリストは初めての現場で、色々なことがわからなくても、ど
　こまでどんな仕事をするのか把握できてよかった
・後輩のEPA職員に仕事を教えることでさらに勉強になった

(内容・工夫した点・苦労した点など)	(評価・今後に繋げてほしいポイント)
チェックリストでは教える方、指導を受ける方両方にとってやるべきことが明確になり良かった。コンテストの出場は本人と周囲の両方のモチベーションアップにも繋がった。	・活動の運営で良かったことを整理することで次の活動への自信になります。 ・EPA職員が後輩に教えることにより自身の成長につながることを自覚できています。

≪悪かった点≫
・指導が指導係に集中し、現場全体として育成の意識が
　あまりみられなかった。日本人職員が先にやってしまう
　ことも多かった。
・EPA職員の方からも「こんなことがしたい」という意見
　などがもっと出ればよかった。

EPA職員
・家族様対応で、わからないとき日本人職員に任せきりに
　なってしまった。
・遅出や夜勤に入るとき緊急対応について不安がある
・緊急時の対応研修などがもっとあるとよかった。

(内容・工夫した点・苦労した点など)	(評価・今後に繋げてほしいポイント)
指導担当の職員に任せきりになり、ベトナム人職員にしてもらう前に周囲の日本人職員がやってしまう場面も多く見られた。	・指導者としての立場と指導を受けるＥＰＡ職員の双方が反省しており、前向きな活動の振り返りがされています。 ・活動後の外国人職員の弱点を整理することで今後の課題が見えてきます。

今後の課題

- 次のチェックリストに行くために、クリアするまで何度も同じ項目の評価をするのが大変なので検討が必要

- 対象となったEPA職員のN2資格および、介護福祉士資格の獲得

- EPA職員が次期EPA職員の指導をおこなう

- マニュアルを活かした緊急時対応などの研修の強化

（内容・工夫した点・苦労した点など）	（評価・今後に繋げてほしいポイント）
緊急時の対応は、人数の少ない時間帯にもいつ発生するかわからないので、落ち着いて対応できるようにマニュアルを活かし、研修を強化する必要がある。	・資格取得や緊急時の対応等残された課題が明確に示されています。活動を一過性で終わらせない姿勢は立派です。 ・利用者様対応には更なる日本語力の向上が必要です。Ｎ２資格取得に向け努力して下さい。

① ベトナムからの研修生に発表の機会を与えた

岩下：11月15日にQCの兵庫地区の発表大会があり改発さんとトゥアン君が発表しました。大好評でしたので最初に改発さんからどういう感じだったかお話してください。

改発：何度も読む練習はしていましたが、内容について初めて聞いて下さっている方に伝えるのがすごく難しいことだと思いました。他の発表を聴講させて頂いた時、言葉の抑揚やどこが肝心でどこが伝えたいのかというところで声を大きくする工夫をされているのを聞き、正直私達の発表内容が他の方に伝わっているのかという心配はありましたが、そのあとのグループディスカッションの時に当法人と同じように外国人労働者の方を採用されている会社の方の話を伺うと、関心を持って頂けたということは伝わったので安心しました。

岩下：トゥアン君は発表した感想はどうでしたか。

トゥアン：皆さんの前に立つのが私は苦手なので最初は緊張しました。上手く伝えられたかどうか分からないですが、良い経験になりました。

岩下：ベトナム人を含め外国人労働者が中小企業を中心に多く日本に来ております。日本

の施設でどのような課題があるか皆さん非常に関心があり聞いていただけたのではないかと思います。ベトナム出身と紹介したので日本語で喋れるかどうかまず関心があり日本語でよく通じたと思います。人材育成という新しい人を育てるというのは企業・会社にとってあるいは施設にとっては最大のテーマです。このテーマを取り上げた理由を簡単に話して頂けますか。

改発：テーマ選定としては介護業界自体が人手不足で国内での採用がなかなか難しくなってきています。採用をかけても来てもらえないことが多くあり私たちの法人でも外国人職員の採用は不可欠であるということと、平成30年の4月に特別養護老人ホームサンライフ西庄の開設で職員の異動があるということで外国人を含む職員全体のボトムアップが求められているため、今回このようなテーマ選定にさせて頂きました。

岩下：これは施設長や本部長の意向が入っているということはあったわけですか。

改発：本部長の意向はあったと思います。前任のQCメンバーやQC幹事の植田の方から最初にチーさん一人だけ来られていましたが、その時はシステムもなかった状態なので今後増えてくるということで一度取り上げてみてもいいのではとアドバイスがありました。

岩下：施設の重要な課題を自分たちが自主的に選んでテーマにしたということですね。メンバー全員の納得はできていたのですか。

改発：そうですね。先にメンバーで集まってこういうテーマでやっていこうという話をして他のメンバーからも同意を得られました。その中で元は上位メンバーだけだったのをベトナムの職員にも入ってもらおうということで急遽メンバーに入って頂きました。

岩下：トゥアン君とチーさんが入ったわけですね。最初にこういう活動や、取り組みに自分たちも参加するということに対してチーさんはどうでしたか。

チー：私は介護の仕事は初めてで日本で働くときは何も分からず、困ることが多かったです。QCに参加する前は介護の仕事や利用者さんのことについて少し理解できましたが、参加して介護の仕事をもっと深く理解することができました。ベトナムで日本人の文化や介護の技術を勉強しましたが、現実は違いました。そのことについてみんなに相談しました。私の後輩が来たらいろいろ教えて働きやすくしたいと思います。

岩下：勉強したことと実際にやることが違うということを勉強できたのですね。トゥアン君はどうですか。

トゥアン：ベトナムではQC活動はなかったので初めはどうしたらいいのか分かりませんでした。でも今後もベトナム人や外国人がもっと増えると思います。このQC活動は外国人にとって役立つと思うのでQCに参加してもっと学びたいと思いました。

岩下：このQCの活動のなかで自分達が伸びていくことは非常に意義があったということ、テーマそのものが非常に的を得たということですね。後はサークルの編成ですね。サークルの編成が従来と違う特徴がありましたね。そこをちょっと述べてもらえますか。

改発：以前はQC経験者と全く経験していない混合でメンバーを組んでいましたが、今回テーマがちょっと難易度の高いものになるであろうということで介護主任、生活相談員、各ユニットリーダー上位者に加えてEPA職員を2名加えたメンバーで編成されています。

岩下：従来とはちょっと違う特殊な編成をしたということですね。これは人材育成、教育ということだからそういうチーム編成をしたということですね。

改発：そうです。

② 日本とベトナムとの高齢者問題のちがい≫

岩下：QCの具体的な進め方の手法ですが、手法には課題達成型、問題解決型、施策実行型の3つがありますが、課題達成型を選択されたというのは特に理由はあったのですか。

改発：今までやったことのない業務への取り組みだったため、課題達成型で進めていこうとグループで決めました。

岩下：具体的に現状どのような調査をされたかというところに入っていきたいと思います。ベトナムと日本との比較をされていますが何を目的において調べたのですか。

井本：技能実習生で来る人たちに比べて、EPA職員は給料面での待遇がいいです。母国と日本では物価が違うので、どういった違いがあるのか、同じように働く日数を聞いてみると1日8時間で週5日働くところは同じでしたが、年収は全く異なっていました。こちらで働くEPA職員は特別な存在なのでお金のことに関してまず調べました。次に彼らは介護の仕事で来ますがベトナムにはあまり介護の施設がないと言われていました。日本では認知症がすごく問題になっていますがベトナムではまだそういう状態に至っていません。それはなぜかと聞くと寿命が短いから認知症にならずに亡く

なっていく人も多いと最初に聞いて、実際のところはどうなのか、日本での介護問題とどのように違うのかそういうことが身近にないところから来る人たちが介護の仕事をすることになるのでそこの現状を調べました。

岩下：寿命の話が出ましたが寿命は分かりますか。寿命というのは死ぬ年齢。ベトナムでは平均何歳くらいですか。

トゥアン：ベトナム人の平均寿命は75歳くらいです。

岩下：介護能力の評価方法は、従来は一つのフォーマットがあったと思いますが、これはEPA職員が来たからといって特別に何かをしたわけですか。

井本：新入職員用の介護のチェックリストを使っていくことにしました。

岩下：新入社員のチェックリストですか。

井本：その代わりにチェックリストを卒業するのにかかる日数をEPA職員の場合は多めに取りました。学んでほしいことや身につけて欲しいことは一緒なので同じチェックリストを使いました。ただ時間はかかるだろうという不安はありました。

岩下：そういうことですね。次はサークルの運営ですね。そこが大事な所だと思います。まずひとつはこの取り組みを約1年した中で、活動を進めるにあたり言葉の壁が障害になると思いますがその辺はどうでしたか。

井本：ありました。ただトゥアン君がEPA職員のなかでは結構よく話せるので、トゥアン君を介してみたいな感じでトゥアン君からみんなへ言ってもらいました。

岩下：トゥアン君を介してですね。

井本：そういう意味ではメンバーにEPA職員がいて良い結果となりました。

岩下：トゥアン君は日本語の勉強はベトナムでしたわけですよね。その時ある程度のことはできていましたか。

トゥアン：そうですね。向こうで1年くらい勉強しました。

岩下：チーさんはどうでしたか。

チー：私も同じです。

岩下：言葉についてはある程度はできたということですね。ベトナムと日本では文化が大きく違うと思いますがその壁を乗り越えていく工夫等が大変だったことはありますか。

③　外国人職員を区別せず

井本：この対策のところにも書いているように、日本人と一緒にマナー研修（USJ）に参

加してもらったり、レクリエーションで
ベトナムの歌や踊りを見せてもらいまし
た。すごく良かったのは、フロアのキッ
チンで郷土料理の振る舞いをしてもらい
ましたが、その時にすごく話が弾んで向
こうではいつもこういうのを食べていま
すとか、実際に食べてすごく美味しいっ
ていうやりとりがあって距離が縮まった
感じがします。

岩下：料理を作ったりする工夫があったとい
　　うことですが、職員全員の理解を得るた
　　めにどんなことをされましたか。

井本：こういうことを進めていきますという
　　発信はメンバーが上位者のサークル主任
　　や相談員なので発信がしやすく、あと一般のメンバーよりも主任からの発信なので聞
　　いてもらいやすい面はありました。

岩下：実際の活動は職員全員だから施設全体での取り組みになっていますね。シンガポー
　　ル旅行やUSJの観光といろいろ行っていますよね。これは実際施設のトップのフォ
　　ローがなければできないですが、それはどうなっていますか。

笹山：チーさんはシンガポールに行きましたね。普通ベトナムの人ってシンガポールへ行
　　くことはありますか。

チー：大学卒業後、日本語を勉強する人は日本へ行きます。

笹山：ベトナムとシンガポールは近いけれどあまり旅行でシンガポールへは行かないそう
　　です。だから日本へ来たのも初めてだし、日本から職員旅行というか研修旅行でシン
　　ガポールに行きました。私はベトナム人の職員がそんなにたくさん行くとは思わな
　　かったです。4人行きましたね。

チー：はい。シンガポールはすごく綺麗で楽しかったです。

岩下：それは本部長の発案だったのですか。

笹山：2年に1回職員旅行で東京ディズニーランドとか海外へ行っています。

岩下：2年に1回というのは全員ですか。

改発：全員です。従業員一緒なので外国人とか日本人とか隔たりはありません。

笹山：シンガポールへ行く人とディズニーランドへ行く人と別れて行きました。

井本：そういう2年ごとにやっているものにEPA職員も当然参加できると、GOを出してくださいました。

岩下：それはトップの姿勢が大事ですよね。もう一つ大事なことですが、このEPA職員とのコミュニケーションがどう取れているかということです。ここは非常に大事なところだと思います。他業務を進めるうえでもそうですし、こういう活動を、QCサークル活動を進めていくうえでもここが今企業にとって一番課題になっています。介護の世界だけではなくモノづくりの世界でも現場でのコミュニケーションが取れないことでいろいろな問題が起きています。職員同士のコミュニケーションもありますが、EPA職員とのコミュニケーションというのはどうだったのですか。

笹山：最初にチーさんが来たときはどうでしたか。

井本：思っていたよりも言葉が通じなくて、一つの物事を伝えるのがすごく大変でした。

岩下：言葉の壁ですね。

井本：ひとつのことをいろんな方向から説明して「分かる？どう？」っていうやりとりを何度も何度もしました。ただEPA職員自体も私たちに言われたことで分からないことは後からアイパッドを各班に配布しているので自分たちで言葉の意味を調べたりしてくれたみたいです。ただこのコミュニケーションに関しては今もずっと課題というか難しいことです。

笹山：ベトナムから来るEPA職員は日本語能力試験N3[注]に合格して日本に来ます。普通はだいたいN4だったら日本に来れたり、業種によりますが同じEPAで海外から来る職員でもベトナムからの職員はN3をとって来ます。それでも細かいところはなかなか難しいです。

（注）日本語能力試験のレベル。一番やさしいレベルがN5、一番難しいレベルがN1です。N3は日本人と簡単な会話ができるレベルです。

岩下：そりゃ当然と言えば当然かもしれませんね。チーさんもトゥアン君も1年間の勉強ですからね。コミュニケーションが、たとえばレクリエーションをやる中でとれたというのもありますね。

④　研修生も各種委員に

岩下：対策のところですが、具体的な対策の実施が、まず一つの売りじゃないかと思います。研修生をいきなり介護技術ケアコンテストや褥瘡委員にしていますね。これは一般的には考えられないことですがそのねらいはどういうことだったのですか。

溝口：介護技術ケアコンテストは今まで習った介護技術を発表する場です。入賞目指して班の方たちと練習して、技術習得の近道としてコンテストへの参加を勧めています。また委員会の方は日本人職員と同じ仕事をしてもらうということもあり一人の職員として自覚を持ってもらうためにEPAの職員も参加してもらっています。実際に介護することで疑問を持つことも多いし、褥瘡委員はEPA職員が自ら入りたいという意見もあり入ってもらい勉強してもらいました。

岩下：技術を習得するための到達目標にこのコンテストを活用したというわけですね。これは非常にいいやり方だし、他の施設も勉強になるところじゃないかと思います。もう一つは、責任感を持たすために褥瘡委員に自らなってもらったわけですね。これも委員になることでそれぞれ自分が果たす役割というのを認識する意味で良かったと思います。トゥアン君はこのコンテストに出ましたか。

井本：2人とも出ました。

岩下：そのコンテストに出てみてどうでしたか。

トゥアン：初めてで難しかったです。理解できてないところは勉強して頑張りました。

岩下：コンテストで入賞しようと目標をもち頑張ろうという気持ちになりましたか。

トゥアン：はい。なりました。

岩下：チーさんはどうでしたか。

チー：初めて出場した時は難しいと思ったので、もっと頑張りたいと思いました。

岩下：委員には皆さん入っているのですね。日本の職員の方のなかでも責任を持ってやる方々、選ばれた方々ですね。あなた方はその中に入って雰囲気としてどうでしたか。

チー：委員会に入る時は、皆さんの雰囲気が良かったです。皆さんがよく指導してくれて私が分からないこともちゃんと説明してくれたので分かりやすかったです。委員会の活動はどうしたらいいか、何をしたらいいかもちゃんと説明してくれて、私は理解することができました。

岩下：理解ができたということですね。ということは、委員会の中に入って皆さん方がいろいろと議論をして話し合いをされている中に入って話を聞く中で勉強できたという

ことですね。次は、日常的にたとえば職員の方全員が協力するわけですね。その中で一般の職員の方、QCメンバー以外の方々の協力を得られたということですか。

溝口：それは協力してもらいました。

改発：チェックリストの評価をチューターやリーダーがして、そのあとにチェックしたものを各班に配布してどこができていないか、どういうところを指導してほしいかを各班で周知徹底して、全員が今やるべきところを再確認しながら進めていきました。

岩下：この取り組みの仕組みは各ユニットから1名代表が出て、QCメンバーが決めて徹底するのがユニットということですね。そういう意味では仕組みとしては全員参加、言ってみればプロジェクトですね。具体的な介護福祉士の資格取得や具体的な指導は外部に依頼せずに施設内で法人本部長がされていますよね。

笹山：以前はケアマネージャーの資格取得もサポートしていました。EPA職員は介護福祉士の資格を取得する目的で日本に来ています。それを法人としてどういうサポートができるか、日本語については日本語のサポート、もう一つは介護福祉士国家試験の受験のサポートとなります。普通は介護福祉士の受験のサポートはせいぜいできても外部委託です。内部でやっているのは日本全国で珍しいと思います。3月からスタートして翌年1月まで、毎週土曜日の午前9時から午後12時までしました。今年は午前8時から午後12時までしています。私は月曜日から金曜日まで出勤なので土曜日の休みの時にサポートしています。最初に20問の問題を出して、それを解いて解説をしています。その次に次回テストをする範囲の説明を行います。国際厚生事業団の進むペースに合わせて同じようにしています。一般の介護福祉士国家試験問題の出題の順序と国際厚生事業団の出題の順序が違うので、国際厚生事業団に合わせてテキストも作っています。日本語の意味が難しく、なかなかEPA職員にとっては介護福祉士の資格を取得するのは難しいです。仕事をしながら勉強するということです。外国人の介護福祉士の国家試験の試験問題は日本人と全く同じ問題です。平仮名が打ってあるだけです。平仮名を打って試験時間が少し長いというだけで同条件下で頑張らないといけません。

⑤　法人本部長が外国人研修生の研修に当たる

岩下：これは一般の職員の方々に対しても本部長がされているのですか。

笹山：はい。一緒にそれに参加してもらいます。

岩下：異業種を含めてトップが皆さんの教育
　　　のために時間を割いてやられるというの
　　　は特異な例だと思います。こういう方々
　　　が教育してもらうというのは他の会社の
　　　なかではほとんどありません。ゼロに近
　　　い。そういう意味でも皆さんは幸せだと
　　　思います。それから、お聞きしたいのは
　　　対策後の介護の能力評価のタイミングで
　　　す。どれだけEPA職員の方々の能力が向
　　　上したか、それを評価するタイミングは
　　　どうでしたか。

溝口：はじめに活動計画を作成して、それに
　　　基づいて最後に目標との比較をしました。

岩下：段階的に評価していったということで
　　　すね。もう一つ、医療・介護の世界でも大事なことですが危機管理、事故防止の取り
　　　組みや指導はどうですか。

改発：それはEPA職員も新人教育も同じですが、基本的にはチューターがついていまし
　　　て、一人で何かをするというのは現段階ではない状態です。必ず指導者がついて困っ
　　　たことがあればすぐに相談するようにしています。

岩下：分かりました。あと効果の確認ですが目標を達成しています。ある意味で大幅に達
　　　成していますね。何が効いたと思いますか。

改発：勉強会もですがこの活動を通じて他の職員やQCメンバーだけではなく、EPA職員
　　　との距離が縮まったことで相手からも質問がしやすくなって、こちらも言いやすく
　　　なったという環境はあったと思います。最初にチーさん1人が来られた時というのは
　　　周りもどう接していいのか分からない状況で、仕組み作りも全くできてないところで、
　　　どこまで指導していいのかどこまで説明をしていいのか分からなかったですが、この
　　　活動を通して指導の仕方やベトナムの文化の特性を知ることでこちらも指導しやすく
　　　なったと思います。

岩下：あとは無形の効果について、実際の技能が向上したというそれ以外に効果があった
　　　と思いますが、どんなことが考えられますか。

溝口：チェックリストで細かなところまで書いていたので指導する職員も再度見直しもできて他の職員の方も再度確認することができて良かったと思います。

岩下：チーさんとトゥアン君。自分たちがこの期間中皆さんと一緒にいろいろとお世話をしてもらい教えてもらいましたね。それで、自分が成長できたというのは実感ができましたか。

チー・トゥアン：できました。

岩下：仕事の技能を上げるということが実感できたわけですね。他の生活面ではどうですか。

トゥアン：介護能力も日本語能力もみなさんと毎日コミュニケーションをして日本語能力はだんだん上がっていく感じがしました。

岩下：実際の介護の力をつけるということも大事ですが、たとえば電話の応対や家族の方との接遇の仕方とかは実際この活動の中でどうですか。

改発：それはまだ勉強中です。職員がいなければ対応してもらいますが、なかなか率先的にはまだです。

岩下：そりゃ1年やもんね。

改発：そうですね。家族様からのお話とかが難しかったりもするので。

岩下：この活動で成果として介護技術そのものは高まったけれども今後やはり接遇ということは課題として残ったということかな。

笹山：まあ家族様とのいろんな苦情の問題とかは難しいです。普段の話はできてもやはり込み入った話、このへんを今後勉強してもらったらと思います。1年目2年目くらいまでは日本語の会話やいろいろな仕事もできてくるということですが、最後の家族様の対応のところで苦情を言われる人もいるしいろんなケースが出てきますので、その込み入ったところをこれから勉強してほしいと思います。

岩下：評価の関係ですが、「10の力」で評価しています。これはどういう発想ですか。自分たちで考えたのですか。「10の力」で評価したというのは、これはおそらく近畿で初めてだと思います。実際に点数をつけたのは誰がつけたのですか。

井本：直属の上司です。

岩下：直属の上司が点数をつけたんですね。これは「売り」やと思います。これを使っているところは今のところまだありません。近畿でも、日本でもないと思います。あとはですね、皆さん上司の支援がどうだったかということですが、ここは皆さん上位者

なのですよね。

改発：そうですね。一応上司、施設長もですがメンバーがほぼ上位者だったというのもありますが、他部署から協力を得る際はどう職員が動くかというのを一緒に考えて行動したので、EPA職員が行った郷土料理やレクリエーションでは一緒に盛り上げて下さって他の職員や利用者様もすごく楽しめました。それ以外ではQC活動で進め方に困った時などはやはりQCをよく知っている上司が丁寧にアドバイスして下さいました。

岩下：施設長と本部長の協力があったということですね。チーさんとトゥアン君、目標は介護福祉士を取ることですね。

チー・トゥアン：はい。

笹山：日本語能力試験1級があるでしょ。トゥアン君。

岩下：3級で来て目標の2級になった。それは教育の体制と結果はどうでしたか。

笹山：教育体制は日本語を教えてもらう先生を雇って、先生に来てもらって勉強しています。トゥアン君は2級で来ました。

岩下：トゥアン君は2級で来て次は1級を目指して、チーさんは3級で来て今は2級を取ったわけですね。介護福祉士を取ったら日本でやっぱり働きたいですか。それともベトナムに帰ってベトナムでそういう仕事に就きたいですか。

チー：私はここで働きたいです。

笹山：介護福祉士に合格したら永住権、介護の永住権が取得できます。

岩下：介護の永住権ね。ベトナムと比べたら生活全般や給料はどうですか。

チー：給料については高いですけど生活の値段も高いです。

笹山：トゥアン君はどう、資格を取ったら次のステップはどうですか。

トゥアン：永住権が取れたらやはりこちらの方で働きたいと思っています。

笹山：中には日本の看護師の資格を取りたい人がいます。全員ベトナムの看護師の資格は持っていますから日本の看護師にトライしようという人もいます。

岩下：今後は本部長が言われていましたけど、介護含めてあらゆるところにベトナムの人が来ます。今、姫路にある200〜300人の中小企業にもいっぱい来ています。ベトナムからいっぱい今後来るので仲間も増えますね。ほかに、本部長何かありますか。

⑥　今後の介護分野は、外国人を含めてワンチームで

笹山：この活動で最もPRしたいことは、やはり少子高齢化、少子化いうのが急激に日本

　は進んでいます。そうなるとやはり介護の分野はどうしても外国から来てもらう、外国人に頼らざるを得ないようになります。そうなるとベトナムとかインドネシアとかタイとかミャンマーとかいろんな国から日本へ来てもらうことになるので、いろんな出身の国の人が介護という一つの目標を決めて頑張ってもらうことになります。ラグビーの「ONE　TEAM」みたいな感じで頑張っていく、そういうシステムになっていくと私は感じています。ですから介護について熱意や情熱がある人に来てもらう。そして介護の質を高めて信頼を築き、利用者さんに喜んでいただいてそのようになっていってほしいと思っています。

岩下：今までこのQCサークル活動では業務の改善テーマがほとんどでした。ですからこういった人材育成という意味で、しかも外国人の方々の介護の質をどう高めるかというのは、極めて稀なケースだと思います。今後の進め方というか、これは中小企業も含めていっぱい来ますので人材育成そのものをサークル活動でやるというのは、非常に先導的な進め方だったと思います。今後おそらく注目されると思います。

笹山：もう一つ私が思うのは外国人が来たときの待遇面です。待遇面を日本人と同じようにするという基本的な考え方がトップの経営者にないと、外国人を安い労働力で使おうとそういう考え方があるところはうまくいかないと思っています。ですから、おそらく海外から来る人が日本へ来たら日本人と全く同じ待遇で同じように戦力となって働いてもらうという、そういう考え方がこれから主流になると。今まで来ていた技能実習生のケースの場合、人手不足のところに来て安い工賃で単純な仕事、そういう考え方があったと思いますがそれは間違いです。これからは給料も日本人と一緒、することも仕事も日本人と一緒。すべてそのようにしないとうまくいかないと私は思っています。

岩下：だから他の企業の場合は、やはり人材育成のなかのそこの技能向上だけにポイントを置いてやっていますけど、今回の場合はこの取り組みの中でその働く環境整備ということがありましたよね。労働環境も生活も含めて環境をどうするかということにウエイトを置かれています。一般企業の場合はお金をかけずにただ腕を上げることだけです。

笹山：これだけ人手不足になってくると同時か少し前から来てもらえたというのはよかったと思っています。

岩下：たまたま神戸の会場で発表を聞きましたが、やはり反応は高かったです。一般の反

応は。利用者様の反応を答えてもらえますか。

井本：なかなか利用者さんたちも通じないというか、私たちと同じように声かけをしても反応して下さらない。ああいう年代の方に多いのかもしれないですけど、その外国人の方に対してちょっと偏見というかそれで介助や声かけそのものをはなから受け入れないような感じの人もいて、そういうのを見れば私たちが「一生懸命お世話してくれるから任せて下さいね」ということで間に入ったりすることはありました。

岩下：日本人ではなくて外国の人の方がいいという人もいるのではないですか。

井本：ずっと働いている間にベトナムの職員はよくしてくれるという方たちは結構おられました。ただうちの部署ショートステイで毎回来る人に荷物のチェックをさせてくださいねというお願いのところから苦労はしていました。あんまり言ってもダメな人にはどうしましょうと来て、それでは一緒に行ってするからと。何回も同じような場面を繰り返しているうちにこういう時こう言えばいいのかなと学んでくれたみたいです。

岩下：それは経験ですね。経験則というのはあるでしょうね。

笹山：まあその辺、私としては、最初はそういうことも起こると思います。やはり年齢によっても私は違ってくると思います。考え方としておそらく少数ですがそういう人がいて、これはすぐにどうなるのではなくて徐々に変わっていくだろうと、私はそう見ています。昔と違って今海外から日本は製造業においてもこういうサービス業においても、来てもらわないと日本の人手不足の現状というのは解消できません。将来を見ても社会保障の費用をだれが支払っていくのかとこういう話になってきます。それが私くらいの年代になれば、全部理解できてくると思います。

岩下：製造業についても、やはり製造の現場に入ってくるというのは高卒でという人たちです。現場に大卒を入れるという話もありますが、なかなかそこまでいきません。それはプライドがあるからね。現場でというのは。だからこういうことで大学出て来られる方々は、労働の質としては格段の差があると思います。製造の場合、昔の高卒だったら非常にまじめでそこが戦力になっていました。なっていたけれども今はそのほとんどが大学に行ってしまいます。そこで労働の質というかこういう形で高学歴の方たちが現場に入ってもらえるというのは質的には全然違うと思います。あとはもう教育、みなさんがやられた教育訓練だと思います。

笹山：それはもう正直申しまして、やはり最近の高校を卒業した人や専門学校を卒業した

人や転職で紹介業者から来てもらった人は面接をしたり試験をしたりいろいろします
が、正直言ってベトナムの彼らや彼女らの方がはるかに優秀です。ここが大きく違う
ところです。社員の場合は私が全部面接をします。そうすると転職を繰り返している
人は、介護を本当にやっていけるのかという人が多いし、うちに勤めてもすぐに辞め
るケースが多いです。これからは本当に日本人だけで介護をしようと思う気持ちは分
かりますが、それでは現実としてもう無理だというのが私の考えです。世界から来て
もらったら逆に良い介護ができるというように私は思います。この介護という仕事を
したい情熱があるという人に来てもらう。どこも行くところがないから介護へ行けと
先生に言われてくる。そういう人ではこれからは介護はうまくいかないと私は思って
います。

井本：その通りだと思います。ただちょっと将来心配というか気になるのはベトナムの介
　　　護の流れが日本の介護保険の成立からその流れを追いかけて20年くらい遅れています
　　　よね。それが追い付いてきて向こうでも認知症問題とか施設問題とか在宅介護の問題
　　　が同じようになってきた時に来てくれる人はいるのかなと。まあ遅れても必ずそうい
　　　うのは来るだろうと思います。

笹山：はい、それは来ます。まあその時はもうちょっと西へ向かって行かないと。

岩下：まあ20〜30年単位ですね。

笹山：中国はあと10年で高齢化社会が来ます。ベトナムはあと20年くらいです。国に
　　　よって人口動態をみれば分かります。そのようになった時に来てくれるかなと。それ
　　　とベトナムの給料がぐっと上がってきます。日本の給料の半分になればもう来ません。
　　　日本で給料が20万円としたらベトナムで10万円もらえるとなったらもう来ません。
　　　だいたい無理です。だからその辺も、加味していかないとと私は思います。

岩下：日本は生活しにくいですか。生活費がたくさん必要ですね。

笹山：まあ物価は高いですね。給料も高いからまあおそらく私の勘ですが、ベトナムで一
　　　生懸命働いて１か月残せる金額。日本で一生懸命働いて残せる金額というのは大きく
　　　違います。今後は徐々にベトナムの給料の上りのピッチが速くなると思います。今の
　　　現状としては差があるからベトナムへも送金できますし、日本でも日本人と同じよう
　　　な生活ができます。ベトナムで一生懸命働いても最後残るところは日本の何分の１し
　　　か残らないので、今のところ大丈夫です。けれど10年先になるとわかりません。だ
　　　から、節約する人もいれば日本人と同じようにアイフォンを買ったり、高い服を買っ

　たりいろいろする人もいます。そのへんは一人ひとり違います。

岩下：いろいろとお話を聞かせていただき大変参考になりました。今後の日本の介護業界
　　　は一層国際化すると思います。この座談会でその方向や展望を見いだせるきっかけに
　　　なったと思います。ありがとうございました。

3　受賞を機に記録を本にまとめよう

出席者：岩下吉弘（コーディネイター）
　　　　溝口亜希
　　　　辻本美和子
　　　　前田慶子
　　　　植田　智
　　　　笹山周作

特別養護老人ホームサンライフ御立
絆サークル
「辛いから幸せへ繋げる活動へ！！
～本当のQCサークル活動を味わう～」

事例3
【JHS運営事例】

★今回の活動の思い★
非常勤職員より、正社員として採用されQCリーダー、介護リーダー、主任となった一人の職員を中心としたメンバーの成長と、奮闘の物語である。

3年間の活動

QCサークル名	ニューロード	ASK	絆
テーマ	入居者様の褥瘡者数の減少	入居者様の事故の減少	入居者様の看取り数の増加
時代	2015年	2016年	2017年
	辛いサークル時代	無心でがむしゃらに進めた時代	一筋の光が見えだした時代
サークル状況	一人ひとりがバラバラ。やる人がやる	サークルが一丸となる	施設全体を巻き込んだ活動

（内容・工夫した点・苦労した点など）	（評価・今後に繋げてほしいポイント）
2015年非常勤職員から正社員として採用され、QCサークル活動に参加。3年間活動を行い、毎年違うメンバーでのサークル活動である。	サークルメンバーも毎回かわり、その中で、どのようなテーマで3年間の活動がどのように変化してきたかが一目で分かります。

 ## 自己紹介

名前　　前田　慶子

中学時代　ソフトボール部入部
　　　　　ショート、センター、レフトを守って
　　　　　兵庫選抜にも選ばれて全国大会に
　　　　　出場。

性格　長所：何事にも粘り強い。
　　　短所：短気で思ったことは口にしてしまう。
平成27年　非常勤職員より正社員の採用となる。

ソフトボール

（内容・工夫した点・苦労した点など）	（評価・今後に繋げてほしいポイント）
中学時代のソフトボールの経験を活かし、何事も根気とチームワークをモットーに仕事をしてきた。	中心となるメンバーの自己紹介が、しっかり記載されています。アピール点を纏め現在の職場での環境を含めた自己紹介を入れても良かったと思います。

入居者様の褥瘡数の減少

■リーダー：元川　拓哉

QCリーダー歴：　1年

介護士・看護師・介護主任・生活相談員・管理栄養士・ケアマネージャーによる連合サークル

■メンバー名
・松原（前田）
・松本
・西川
・吉村
・本康
・尾俣
・岩元

（内容・工夫した点・苦労した点など）
メンバー構成は各班から介護職員と専門職による連合サークルで構成している。毎年メンバーが変わり、さらに他施設への異動もあるためQC経験者があまりいない状況での活動である。

（評価・今後に繋げてほしいポイント）
褥瘡数の減少というテーマに他職種でサークルを結成することで、さまざまな角度からの考えやアプローチができますので参考にしたいポイントです。

（内容・工夫した点・苦労した点など）
サークル会議の中で専門用語の高い医療の知識レベルに付いていけず、専門職にも気を遣い、わからないことも聞けない、思ったことも言えない状況であった。

（評価・今後に繋げてほしいポイント）
QCサークル活動は問題の改善だけでなく人財育成の観点もあります。その点を踏まえ活動することがチームワークの向上にも繋がりますので人財育成の観点を忘れずに活動をすることが必要でしたね。

私達の職場のQCサークル活動は

QC活動
↓
「苦しい活動」

新施設の増加で、
メンバーの異動・・・
更にリーダーも不在・・・

（内容・工夫した点・苦労した点など）	（評価・今後に繋げてほしいポイント）
メンバーも新施設の増加で次々と異動。リーダーまでもがいなくなりサークルは崩壊状態であった。そしてQC活動が苦しい活動と思い込むようになった。	仕事は「本気」でしないと楽しくありません。苦しい時やしんどいことは必ずあります。仕事を「本気」で行うことで、志を持った職員が集まり「仕事」から「志事」へ「苦しい活動」を意味のある活動にすることが大切ですね。

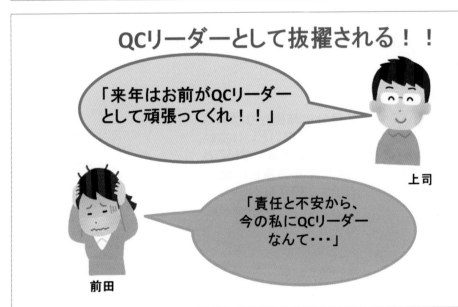

QCリーダーとして抜擢される！！

「来年はお前がQCリーダーとして頑張ってくれ！！」

上司

「責任と不安から、今の私にQCリーダーなんて・・・」

前田

（内容・工夫した点・苦労した点など）	（評価・今後に繋げてほしいポイント）
幸せ＝笑顔に繋がる活動には程遠い状態であり、無理くり力技で成果が出ていることに納得がいかずモチベーションが下がっているなか、リーダーを任命され更なる重責が増え苦労した。	今回のスライド集にはありませんが、現場の介護リーダーとQCサークルリーダーの二足のわらじを履かれていますね。任せられるということは期待の裏返しだということです。

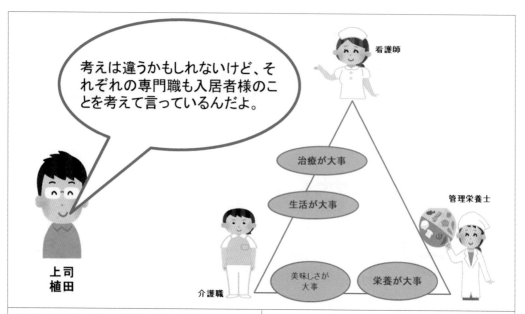

（内容・工夫した点・苦労した点など）
前回のQC活動の意味が理解できておらず活動を進めていた。「良いチーム作りとは？」ということに対して困った。

（評価・今後に繋げてほしいポイント）
QCサークル活動は「多角的に」物事を見ることが改善の糸口になります。自分達の意見だけではなく、それぞれの立場から意見を出し合い真の改善に繋げることの大切さを上司の方が伝えサポートしている点は良いことですね。

現場を一番よく知っているのは介護職

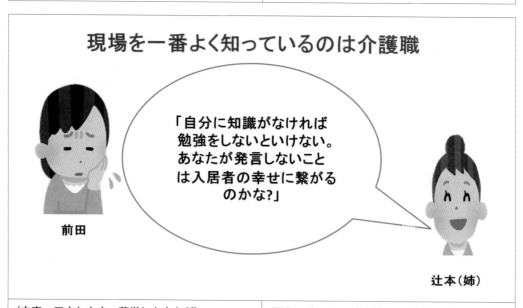

（内容・工夫した点・苦労した点など）
他職種とも意見が合わなかったり、自分に知識がないことに発言もできないままの状況であった。悩んでいたところ上司でもある姉からアドバイスをもらった。

（評価・今後に繋げてほしいポイント）
現場で一番入居者様のことを見ている介護職が、入居者様へのサービスの改善に発言をしないことは良くないという「3現主義」の考えをお姉さんが、分かりやすく説明されています。サークルメンバー以外の方もサポートできる環境があることは、素晴らしいことですね。

（内容・工夫した点・苦労した点など）
サークルリーダーとなり、メンバーは変わり私のように発言できない方がたくさんいた。イライラすることも増えサークル内はギスギスした状態になった。同い年のメンバーに怒られ、自分が空回りしていることに気づき反省した。

（評価・今後に繋げてほしいポイント）
良いQCサークル活動には、「全員参加」が求められます。そのためにはサークル内の雰囲気も発言しやすい工夫やコミュニケーションの取り方が必要になりますね。

（内容・工夫した点・苦労した点など）
強いチームワーク作りのために、何でも言い合える関係作りが必要だと思い、飲み会やLINEでグループワーク作りを行った。

（評価・今後に繋げてほしいポイント）
プライベートで飲み会を開き親睦を深めたり、3交代の勤務で会合に参加できない場合もLINE等で情報のやりとりをするのはチーム作りに効果的ですね。

（内容・工夫した点・苦労した点など）	（評価・今後に繋げてほしいポイント）
食事も一緒にすることで普段知らないメンバーの一面を知り、仕事や活動で分からないことや悩み事にすぐに答え、何でも言い合える関係になった。メンバーの言葉より「辛いを幸せに」が合言葉となった。	昼食時にメンバーが集まるようになったりすることは、良いサークルになってきている証拠ですね。自分達のスローガンを作ることも団結していくには効果的な方法ですね。

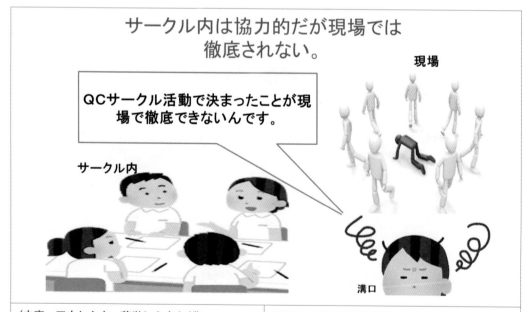

（内容・工夫した点・苦労した点など）	（評価・今後に繋げてほしいポイント）
良好に対策を進めていたが、実施した対策ができていなかった。さらにイライラは募り現場でも怒りがちになり、職員は声をかけづらい雰囲気になりやる気もダウンした。	なぜ、上手くいかないのか「要因解析」をして対策を立てるのもよいと思います。QC七つ道具や新QC七つ道具はQCサークル活動だけではなく普段の仕事にも大いに活用できますよ。

以前の私と同じやらされているだけでは仕事も楽しくない

辻本（姉）

3Mのムリ

新しい業務！！！

普段の仕事

（内容・工夫した点・苦労した点など） 現場の皆に理解してもらうことで、施設全体の活動に繋がっていくことに気づき、職員の辛いを幸せに繋げる活動をするために上長も含め活動を行うようにした。	（評価・今後に繋げてほしいポイント） お姉さんのアドバイスで「ムダ」「ムラ」「ムリ」の「３Mのムリ」に着目をされています。相手の立場や動きを考え、対策を立てられているのは是非参考として頂きたいポイントです。

職員の負担を軽減の為。備品を購入

吊り下げ式リフト
2台
スタンド式移乗具
3台
腰痛軽減・予防に
繋がります！

床から15セン
チの低さの
ベッドを6台
購入しました。

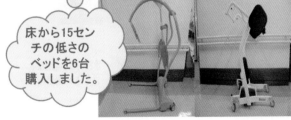

国際福祉機器展に参加

最新の福祉用具の検討

（内容・工夫した点・苦労した点など） 法人本部長と一緒に東京で開催された国際福祉機器展に参加し、職員の負担軽減に繋がる福祉用具を見にいった。	（評価・今後に繋げてほしいポイント） 職員の負担軽減のために、法人本部長が中心となりサポートして頂いています。上司からの支援があることはサークル活動推進にも大きな影響を与えます。上長の方が本気で活動を支援することは、サークルメンバーとしても大変心強いでしょう。

データで介護の質を見る
施設へ見学

施設長より
インセンティブを出す

意見交換・質疑応答で
理解・知識向上

一番功績が大きかった
部署は表彰されます。

（内容・工夫した点・苦労した点など）	（評価・今後に繋げてほしいポイント）
介護職員が専門職としての意識を高めるために、他施設への見学やチーム間で競争する仕組みを作るためインセンティブを出して頂き、モチベーションアップにも繋がった。	施設長からインセンティブを出し、他の施設への勉強のための見学を実施したりすることで、施設全体の取組みだと全職員が意識することになります。多くの上司の方がサポートできており推進の見本となっています。サークルメンバーが変わっても継続されている理由ですね。

改善事例1
「特別養護老人ホーム入居者様の事故件
数の減少」
2016年4月～2017年3月
入居者様・職員の辛いを幸せに

メンバー紹介

■リーダー：前田 慶子

リーダー歴　1年

■メンバー名
・辻本　美和子
・溝口　亜希
・西川　明日香
・中島　麻菜美
・大島　美佳
・尾俣　優紀
・褔下　純二
・河内　彩恵

職員も辛いが何より
一番辛いのは
入居者本人

辛→幸

事故のない幸せな生
活を送って頂きたい

（内容・工夫した点・苦労した点など）	（評価・今後に繋げてほしいポイント）
「特別養護老人ホーム入居者様の事故件数の減少」は初めてQCリーダーとなり、取り組んだテーマである。	「辛いを幸せに」のスローガンに合ったテーマを選定されています。

2、現状把握と目標の設定　現状把握－1

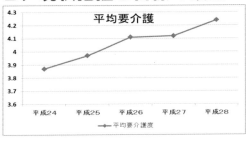 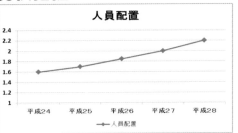

①入居者様の重度化
平成24年の平均要介護度は3.87
平成28年の平均要介護度は4.24
更に認知症自立度についても重度化
平成24年より約28％人員が減少していた

今までの対応では対応ができなくなっている。

（内容・工夫した点・苦労した点など）	（評価・今後に繋げてほしいポイント）
平成24年と平成28年の平均介護度を調べ、介護度は上がり、平成24年より約28％の人員が減少していることがわかった。	現在のやり方の「当たり前」が通用しなくなっている状況が平成24年のデータと比べ着目することが分かる良いデータをとられています。また、グラフの単位の記載を忘れないようにしましょう。

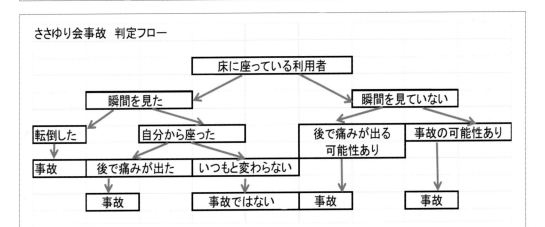

例えば入居者様が座り込んでいた場合などは、その瞬間を見ていなければ事故の可能性ありとして全て事故として報告する。

（内容・工夫した点・苦労した点など）	（評価・今後に繋げてほしいポイント）
事故に関して、他分野と異なる基準のためささゆり会で自己判定フローを作成した。	一般企業の事故とささゆり会での事故の判定が違うということに気付きフローを使い示すことで、職種の違う方々にも内容が分かりやすく理解できるように工夫をされています。

現状把握－2

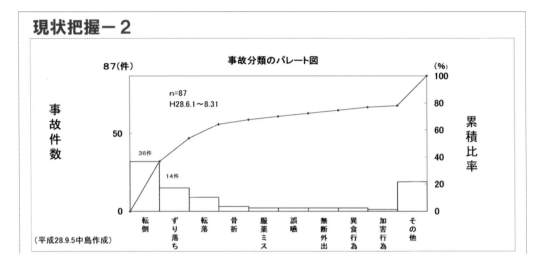

事故分類のパレート図

87(件)

n=87
H28.6.1～8.31

事故件数

累積比率

36件

14件

転倒　ずり落ち　転落　骨折　服薬ミス　誤嚥　無断外出　異食行為　加害行為　その他

(平成28.9.5中島作成)

認知症のある入居者様の転倒・ずり落ちが57%を占めている。

（内容・工夫した点・苦労した点など）
事故件数と事故の種類の統計を取りグラフで表した。転倒、ずり落ち事故が多く大半を占めている。

（評価・今後に繋げてほしいポイント）
転倒・ずり落ちの事故が多いことを見つけられていますので、今後は重点指向で対策することも検討して下さい。テーマを転倒・ずり落ちにし、また、その他の件数が多いので、どういう事故があるのか明確にした方が良いでしょう。

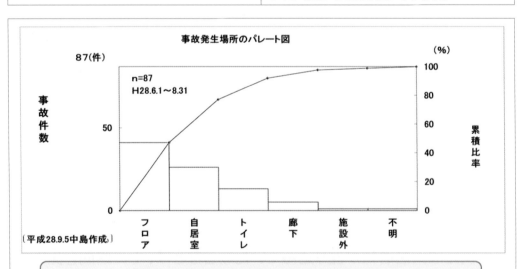

事故発生場所のパレート図

87(件)

n=87
H28.6.1～8.31

事故件数

累積比率

フロア　自居室　トイレ　廊下　施設外　不明

(平成28.9.5中島作成)

事故の48%はフロアで起きている。

（内容・工夫した点・苦労した点など）
どこの場所で事故が多いのかを調べグラフで表した。フロアの事故が48％と多く対策を考える必要がある。

（評価・今後に繋げてほしいポイント）
パレート図を使い、どこで事故が多発しているかを確認されています。ただ、n数は記載がありますが左縦軸のメモリの87は件数に対する割合を調べるものですので、右縦軸の100%の位置にあわせましょう。

■目標の設定

・何を　　　　：　EPA職員の能力向上

・どのように：　現状平均値：92点／135点
　　　　　　　　目標平均値：110点／135点（19％UP）

・いつまで　：　平成31年1月31日

目標設定の理由

日本人の新入職員は3ヵ月で110点以上で独り立ちになる為、EPA候補生は6ヵ月で110点を目指した。

（内容・工夫した点・苦労した点など）
上位方針に基づき、はじめは30％を目標としていたがメンバーと話し合い、もう少し高い目標の40％を目指した。目標を上げることで達成できるかどうか不安もあった。

（評価・今後に繋げてほしいポイント）
目標の3要素できっちりと目標を立てられています。30％の目標から40％の意欲的な目標をメンバーで話し合い、自分達の力でどこまで挑戦できるか考えて設定をされています。

5.要因解析

〈評価基準〉1人20点の挙手制で第6要因以上を評価する。
〈採用基準〉メンバー9人で150点以上を採用

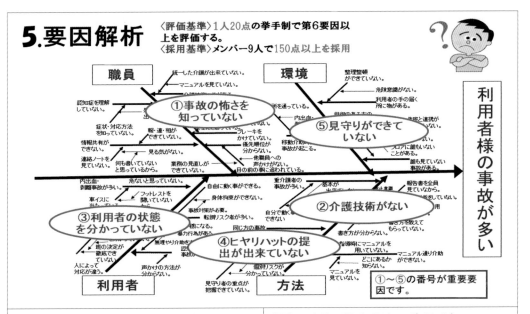

①〜⑤の番号が重要要因です。

（内容・工夫した点・苦労した点など）
メンバーがそれぞれ一つずつ意見を出し合い話し合いをした。一人20点の挙手制で第6要因以上を評価した。

（評価・今後に繋げてほしいポイント）
多くの要因を大出し、深掘りをされています。
たくさんの意見が出た証拠です。さまざまな意見が出て深掘りすることは「真の要因」につながります。これからも多くの意見を出し継続して頂きたいと思います。

「見守りができていない」の検証② 発生時間の確認

H9.3
中島 真菜美作成

発生時間

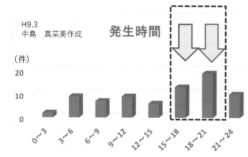

（件）

20

10

0～3　3～6　6～9　9～12　12～15　15～18　18～21　21～24

N＝87

また、職員が食事、入浴、排泄介助で一番忙しい時間帯に事故が発生している。

「見守りができていない」の検証③ 現場の確認

フロアに職員がおらず見守りができていない状態

（内容・工夫した点・苦労した点など）
要因の検証の一部である。事故の統計調査を行いグラフで表し、どの時間帯に事故が多く発生しているのか調べた。

（評価・今後に繋げてほしいポイント）
見守りができていない検証を時間帯別の事故件数と介護職員の業務の繁忙時を合わせて検証をしたり、写真で見える化をして検証をされ、検証の仕方をどうするか工夫されています。

5. 対策の検討と実施

方策展開型系統図法　H28.9.26　前田 愛子 作成

問題点	1次対策	2次対策	3次対策	効果	実現性	魅力	総合評価	
事故を減少させるには	介護技術の向上	介護のレベルを知る	①移乗テストを行う	50	50	60	160	対策11
		介護講習を行う	②他施設への研修	60	10	70	140	対策12
	ヒヤリハットの活用化	事故の怖さを知ってもらう	③過去の事例発表	70	60	50	180	対策4
			④個人別リスク表の作成	70	70	70	210	対策5
			⑤ヒヤリハット用紙の見直し	70	30	60	160	対策6
		リスク委員会との連動	⑥ヒヤリハットについて勉強会	50	20	70	140	
			⑦事故報告書の用紙の見直し	70	70	60	200	対策6
			⑧班で事故予防検討会の実施	70	70	30	170	対策9
			⑨利用者体験	20	40	0	60	
	事故の再発を防ぐ	事故対策の徹底	⑩事故報告の申し送りに3日間記録を残す	70	30	60	160	対策14
			⑪ヒヤリハット検討会プログラム作成	40	50	70	160	対策7

＜評価基準＞メンバー1人10点の挙手制　メンバー7名で70点満点
＜採用基準＞150点以上（総評価210点満点）

◆16項目の具体的対策実施項目

実行計画	対策No.	誰が	いつまでに
移乗テストを行う	No.11	福下	10月30日
ヒヤリハット検討会プログラム作成	No.7	西川	10月21日
ヒヤリハット・事故報告書用紙の見直し	No.6	河内	10月7日
過去の事例発表	No.4	尾俣	10月10日
国際福祉機器展に参加	No.16	溝口	12月7日
個別リスク表の作成	No.5	前田	10月14日
他職種も含め班で話合いをする	No.8	尾俣	10月24日
事故報告を3日間申し送りに記録を残す	No.14	西川	10月15日
認知症の理解を深める為の資料作成・配布	No.3	溝口	10月21日
ポスターを作成する	No.1	前田	10月7日
放送で呼びかける	No.2	前田	10月15日
班で事故予防検討会を実施	No.9	河内	10月20日
全員が集まる場所でヒヤリハット及び事故件数の発表を行う	No.13	辻本	10月30日
他施設への研修	No.12	中島	11月10日
施設長よりインセンティブをだす	No.15	前田	12月19日
協力体制の強化	No.10	辻本	10月7日

（内容・工夫した点・苦労した点など）
三次対策まで掘り下げ案を出し、15点以上の対策を決めた。期日までに責任を持って実行するため担当を決め実施した。

（評価・今後に繋げてほしいポイント）
福祉の仕事はマンパワーになります。その点、徹底が遅くなりがちですが、一つずつの対策に担当と期日をつけて実施することは責任感の醸成とスピードアップを図る上でも評価したいポイントです。

「他職種も含めて班で話し合う」　　　　　　「事故予防検討会の実施」

同じ利用者様の事故が多いよね。

どうしたら事故は減るのかな？

事故予防検討会の風景

ヒヤリハット分析

★ 考えられる要因
★ 対策決定
★ 対策後の変化

個別のPDCAサイクルを回し対策を実施

班で対策を話し合い資料を作成。周知徹底し事故件数の減少を図った。

（内容・工夫した点・苦労した点など）	（評価・今後に繋げてほしいポイント）
専門職を交え話し合い、PDCAサイクルを回しながら対策を実施した。	事故前のヒヤリハットから対策をすることで、ハインリッヒのドミノ理論に倣い、事故を未然に防ぐ対策を立てられています。専門職と話し合い、多角的な対策を入居者ごとに立てPDCAを回している点は非常に効果的に感じます。

「協力体制の強化」

フロア離れます。

見守りします。

介護職員・介護主任・看護職員・歯科衛生士が集まり見守りが手薄になる際の対応を協議し、協力・連携が図れる体制を築き見守り体制強化に繋がった。

声をかけあっているんだな・・・

（内容・工夫した点・苦労した点など）	（評価・今後に繋げてほしいポイント）
介護職員・介護主任・看護職員・歯科衛生士が集まり見守りが手薄になる際の対応を協議し、協力・連携が図れる体制を築き見守り体制強化に繋がった。	検証の際にもあった、介護職の繁忙時に事故が起きやすい点に他職種で連携し、見守りを実施する点は評価ができます。他職種との連携もQCサークル活動以外でも強化されたのではないでしょうか。

効果の確認

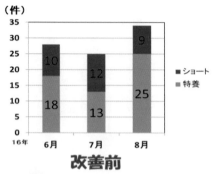

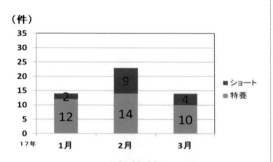

改善前

改善後

対策前→ 29件／月平均
目標　 → 17件／月平均（40%減少）
対策後→ 17件／月平均

目標達成

（内容・工夫した点・苦労した点など）	（評価・今後に繋げてほしいポイント）
分かりやすいように棒グラフにし、ショートステイと特養を比較するために色分けを行った。40％減少でき目標達成できた。	グラフの改善前と改前後の大きさが違います。パレート図でもそうですが、メモリを合わせてグラフを比較することで誤解を生まず、視覚で評価しやすくなりますので注意しましょう。

無形効果

■**各班で事故に対する意識・危機感が身についた。**

■**テストを行うことで介助方法の見直しができた。**

■**見守りを他班・他職種に依頼することで協力体制が強化された。**

■**利用者様の安全・安心に寄与できた。**

■**ヒヤリハット用紙を活用し話合いの場を設け情報の共有ができた。**

■**大きな事故になる前にヒヤリに気づき大きな事故を防ぐことができた。**

■**ヒヤリハットに対する価値観が変わった。**

（内容・工夫した点・苦労した点など）	（評価・今後に繋げてほしいポイント）
事故減少のテーマに取り組んだことで事故に対する意識や他職種と連携強化を図ることができた。	効果には有形効果・無形効果・波及効果がありますが効果の確認はサークルのアピール点ですので多く出しましょう。入居者様へのサービス向上への取り組みですので入居者様や家族様の意見などがあればさらに良くなるでしょう。

10.標準化と管理の定着

	what	why	who	whan	where	how
方針化	来年度の事業計画に	事故予防継続の為に	辻本	3月15日末までに	サンライフ御立にて	記載し了解を得る
標準化	ヒヤリハット計画書を	活動の継続の為に	中島	3月15日末までに	リスクマネジメント委員会	継続対策を引き継ぐ
教育	事故予防勉強会を	事故予防の為に	前田	年に一度	全体会議	研修を行う
テスト	新入職員の介護技術を	介護技術向上の為に	理学療法士溝口大島	月2回	フロア	チェックを行う

■全体会議
職員の意識改善の為、各ユニットで月何件の事故が起こったかを発表しました。

■申し送り風景
一つの事故に対し朝の申し送りで事故の内容・対策を3日間報告することにした。

理学療法士により
★入居者様に安全で安楽な方法
★職員には楽で負担の少ない介助方法
★合格するまで指導をしました

職員・入居者様が幸せ！

もっと密着してみて

（内容・工夫した点・苦労した点など）
表と文字だけではなく、実際にどのようなことをしているのかわかりやすくするため写真を入れ工夫をした。

（評価・今後に繋げてほしいポイント）
標準化と標準化が定着するように管理をどうしていくのかを分けて検討されています。標準化だけでは数年すれば風化してしまいますので活動の効果が継続できるように標準化と管理の定着がされている点はよいでしょう。

施設内、発表会、QC研修への参加

家族様が望まれる幸せな死とは何かを考えて行動すること。

人生の最期までその人らしい生活を支援すること。

（内容・工夫した点・苦労した点など）
「看取り」という新しいテーマでQCサークル活動を行い、QCサークル活動の意義や知識を知る職員が少なかったため施設内で社外発表や研修会にメンバーを派遣し活動を進めていった。

（評価・今後に繋げてほしいポイント）
新しいメンバーでQCサークル活動をする前に社内の発表大会や社内外の研修に参加してQCサークル活動を始められることは、サークルメンバーの理解力を高め、また、メンバー以外の職員にもサークル活動の理解に繋がります。

（内容・工夫した点・苦労した点など）
実際に活動を進める中で限られた人員と時間のため、活動を進めることの難しさを痛感した。メンバーの一言で皆もやる気がアップし、施設全体を巻き込んで解決したいとの思いが強くなった。

（評価・今後に繋げてほしいポイント）
できない理由を見つけるのではなく、できる理由を見つけて周りを巻き込んでいった前田さん・溝口さんの発言は成長の姿が見えていますね。

困り事　ロールプレイ作戦

現場の声
・家族様と、どう話をすれば
・介護の仕方は特別にするのか
・経管栄養などの方の想いは
★経管栄養とは食事が口から
　食べられない方にチューブで
　胃等に栄養を流す

（内容・工夫した点・苦労した点など）
現場の意見も聞き、看取り介護に対しての不安が多く聞かれたので看取り期に困っていることに対してロールプレイ作戦を実施した。

（評価・今後に繋げてほしいポイント）
三現主義もそうですが、サービス業においてロールプレイなどで「体現」することで事実をとらえることができます。今回は上手に「体現」を利用し現場の不安を解消する作戦を立てられていますね。

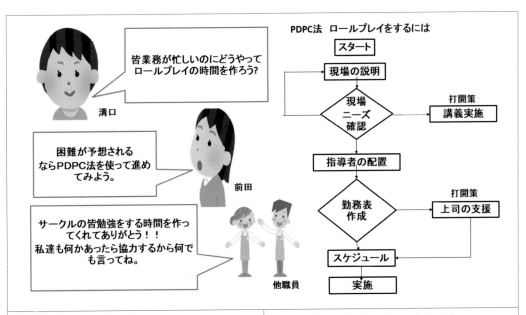

（内容・工夫した点・苦労した点など）
時間もなく、今まで経験したことのない対策案にメンバー全員が頭を抱えており、本当に対策が上手くできるのか不安であった。

（評価・今後に繋げてほしいポイント）
課題達成型で進められ、上手くいかない障害を予測し、PDPC法を使い、壁にぶつかった時の打開策を検討し対策を実施されているのは効果的なやり方です。

（内容・工夫した点・苦労した点など）
リーダー2年目になり、さらに新メンバーでのサークル活動を行った。

（評価・今後に繋げてほしいポイント）
前回の活動よりも、難しいテーマに挑戦されていますね。看取りをテーマに看護師や介護主任を含めたメンバー構成で取り組まれています。

現　状　把　握 ― ①

施設で看取りか入院先で死亡のグラフ

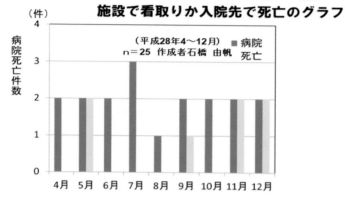

（平成28年4～12月）
n＝25　作成者石橋　由帆　■病院死亡

施設
28%

病院
72%

分かったこと

病院での死亡18名、施設での看取り7名と病院で亡くなられた方が多かった。

（内容・工夫した点・苦労した点など）	（評価・今後に繋げてほしいポイント）
施設と病院どちらで亡くなった方が多いのか集計を取った。円グラフと月別に棒グラフで表した。	死亡者数の確認では、施設を退所されてからの経緯を追跡され調べられていることや、テーマに添って、現状把握で、できるだけ長期間の情報を集めていることもよいでしょうが、グラフテーマは病院と施設での月別死亡件数とするべきでしょう。

現　状　把　握 ― ②

入院から死亡までの期間

月	1ヵ月以内	2ヵ月以内	7ヵ月以内	合計
人数	12	4	2	18
％	67	22	11	100

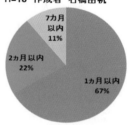

（平成28年4～12月）
n=18　作成者　石橋由帆

7カ月以内
11%

2カ月以内
22%

1カ月以内
67%

分かったこと

入院して67％の方が1ヵ月以内で亡くなられている。
2か月以内を入れると89％となっている。
入院したところで長く生きられない。

（内容・工夫した点・苦労した点など）	（評価・今後に繋げてほしいポイント）
入院から死亡までの期間を表したグラフである。	前回の活動では見られなかったグラフに作成者の記載があります。また「分かったこと」でグラフから何を読み取ったかが挙げられている点はメンバーの周知にもなりますのでよいでしょう。

現 状 把 握 ー③
契約時の施設での看取り意向確認調査

（平成28年4～12月）
n=18　作成者　石橋由帆

契約時意向確認

看取り希望	12人	66.6%
病院希望	0人	0%
分からない	6人	33.3%

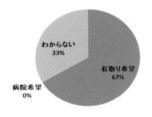

分かったこと
施設で看取りを希望されている方は12名。
最期を病院で亡くなられることを希望される
方は0名であった。

（内容・工夫した点・苦労した点など）	（評価・今後に繋げてほしいポイント）
契約時の施設での看取りの意向確認調査である。病院希望よりも圧倒的に施設での看取り希望者が多かった。	現状把握の流れで、病院と施設での死亡件数を調べられ、入所時の本人や家族の希望がどうだったかを確認することで、そこに生じた数値から問題や課題を見ようとする考え方は問題意識の捉え方が明確に分かります。

3　目標の設定

- **何を**　　　　　**看取り実施者**

- **どのように**　**現状値：28%**
　　　　　　　　　目標値：50%

- **いつまで**　　　**平成29年11月末**

目標設定の理由
施設で最期を迎えられるか本人のご意志を叶え
られる率を50％とメンバーで話し合い決定し
た。

（内容・工夫した点・苦労した点など）	（評価・今後に繋げてほしいポイント）
本人様の意志を叶えられるか、施設で最期を迎え看取り実施ができるかどうかをメンバーで話し合い50％を目標設定にした。	現状把握の期間と効果の確認までの期間を合わせることができない場合等はパーセンテージ目標設定をされ、セオリー通りに目標を立てられています。目標の設定についても明確で良いです。

4 活動計画設定

活動項目	役割分担	活動期間 計画日程（----▶）　　実施日程（——▶）								
		2月	3月	4月	6月	7月	8月	9月	10月	11月
①テーマの選定	長尾 石橋	----▶								
②現状把握と目標の設定	石橋 前田		----▶							
③活動計画の作成	前田 本康			----▶						
④要因の解析	本康 山口			----▶						
⑤対策の検討と実施	山口 淵上				-------------------------------▶					
⑥効果の確認	淵上 長尾						----------------▶			
⑦標準化と管理の定着	長尾 石橋							----▶		

> ★テーマを引継ぎ理解しながら進める為、サブ担当が次のテーマの主担当とした。
> ★死はいつ訪れるかわからない為、できる限り対策の検討と実施期間を長くとった。

（内容・工夫した点・苦労した点など）	（評価・今後に繋げてほしいポイント）
検証データを長い期間に設定し、サブテーマリーダーが次のテーマリーダーになるよう配慮した。	ガントチャートを使いサブリーダーが次のステップのリーダーとなっています。これは、前のステップを把握した上で次のステップに繋げる有効な方法ですので評価したいポイントです。

5 要因解析

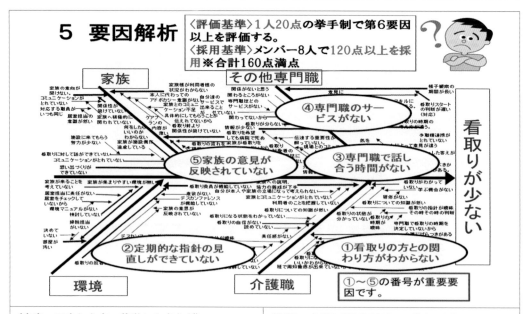

〈評価基準〉1人20点の挙手制で第6要因以上を評価する。
〈採用基準〉メンバー8人で120点以上を採用 ※合計160点満点

（内容・工夫した点・苦労した点など）	（評価・今後に繋げてほしいポイント）
メンバー8人と話し合い一人20点の持ち点で挙手制で120点以上を採用とした。	挙手制で主要因の候補を見つけられることは、声の大きな人の意見で進めるのではなく、全員の意見から採択されることに繋がりますので良い方法です。

要因の検証①

≪看取り対象者との関わり方がわからない≫

（職員アンケートより）

◆看取りに対してのかかわり方を知っていますか？

YES **16%**

NO **84%**

結果、ほとんどの職員が看取りの対象者に対しての関わり方を知らず自信がないことがわかり重要要因として決定した。

（内容・工夫した点・苦労した点など）	（評価・今後に繋げてほしいポイント）
職員にアンケート調査を行った。職員の数が多いので集計をするのが大変だった。	アンケートで検証するのも代用特性を使い上手く検証されています。さらに、関わり方でどのようなことが分からないかを深掘りして確認しておくと対策が具体化しやすくなるでしょう。

対策の立案と実施計画

2 定期的に指針の見直しができていない。	1 指針の見直しを行う	1-①指針を見直す	6	5	8	3	8	30	採用	4	石橋	4月30日
		1-②環境のマニュアル	7	7	5	4	4	27	不採用			
		1-③ターミナルの始まりと終わりを知らせる	5	1	2	4	3	15	不採用			
3 専門職での話し合いがない	1 話し合いの機会を作る	1-①朝礼にて看取り開始者について知らせる	3	3	3	3	7	19	不採用			
		1-②専門職により看取りの時期の決定	6	8	8	6	7	35	採用	5	辻本	4月30日
		1-③担当者会議強化（全専門職種）	7	7	7	7	7	35	採用	6	松本	
		1-④ユニット会議の強化	3	4	2	3	1	13	不採用			
4 専門職のサービスがない	専門職のサービス強化	1-①歯科衛生士・機能訓練士・看護師によるサービスの洗い出し	8	6	8	6	6	34	採用	7	前田	4月15日
		1-②栄養士・介護士のサービス作成及び実施	3	1	2	2	3	11	不採用			

（内容・工夫した点・苦労した点など）	（評価・今後に繋げてほしいポイント）
対策が多くできるか不安であったが、確実に期日を守り実行できるように対策ごとに担当を振り分け実施した。	この資料からは何の項目を使用し、マトリックスで採否の評価をされたかが分かりません。「効果」や「実現性」福祉サービスに応じた「利用者本位」「魅力」なども入れて評価されてもよいでしょう。

対策3 関わり方に対するロールプレーイングの実施

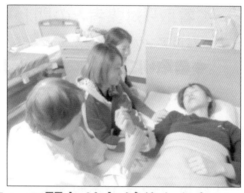

看取り期の家族様等への関わり方が分からない
との意見から、どのような関わりが良いかを資料
を配布しロールプレーイングの中から学んだ。

（内容・工夫した点・苦労した点など）	（評価・今後に繋げてほしいポイント）
看取り期に家族様や入居者様との関わり方がわからないという意見もあり、ロールプレイを実施した。皆で考え話し合うことで気持ちを汲みとり、どのような対応を提供していくべきか理解することができた。	体現をする良い対策を実施されていますが、アンケート・ロールプレイを行い、この後、看取りの関わり方の理解が職員にどこまで理解できたか効果の確認を有形効果で出せればよかったでしょう。

対策7 各部署の看取り時の役割

各部署に看取り時
の役割について、
考えて頂きました

各部署それぞれの
役割を考えること
により、看取り時
の役割を再確認す
ることができた。

看護師

歯科衛生士

機能訓練士

栄養士

（内容・工夫した点・苦労した点など）	（評価・今後に繋げてほしいポイント）
介護職以外にも各専門職で看取り期に何ができるのかを話し合い、専門職独自のサービスを決定した。	連合サークルの強みですね。それぞれの専門職から、専門職独自のサービスが決められています。具体的にはどのような内容があったか一部でも紹介できるとさらに良いと思います。

7　効果の確認
「有形効果」

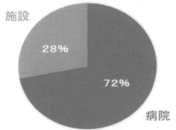

施設 28%
病院 72%

対策前（4月～12月）

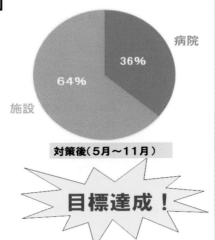

病院 36%
施設 64%

対策後（5月～11月）

対策前：28％／8カ月
目標　：50％／3カ月
対策後：64％／7カ月

目標達成！

（内容・工夫した点・苦労した点など）	（評価・今後に繋げてほしいポイント）
5月～11月末の目標値50％に対し、14％アップの64％となり目標を達成した。	数値での結果が有形効果となりますので、アンケート・ロールプレイを行い、看取りの関わり方の理解が職員にどこまで理解できたかの有形効果も出せれば良かったでしょう。

■　無形効果

1. 家族様との交換日記を実施することで、普段知らなかった家族様の思いを知り家族様と協働で介護をする意識が芽生え相互の信頼関係を築くことができた

2. 家族様にデスカンファレンスに参加して頂くことで、「サンライフで看取れてよかった」等の声が聞け、職員のモチベーションの向上になった

3. QCサークル活動を通し専門職ごとに新しいサービス提供ができよりよい看取りケアを実施することができた

（内容・工夫した点・苦労した点など）	（評価・今後に繋げてほしいポイント）
対策をすることで看取りケアの関わり方や、家族様や入居者様へ積極的に関わることができ、実際に家族様からも嬉しい言葉を頂くことができた。	職員の意見だけではなく、看取りを経験された家族様の意見も記載することで具体的な無形効果での確認ができて、職員のモチベーションアップにもつながっています。デスカンファレンスとは何かを説明すれば、関係者以外の方にも理解がしやすくなります。

メンバーの成長
（QC10の力で評価）

メンバーの成長　平均点

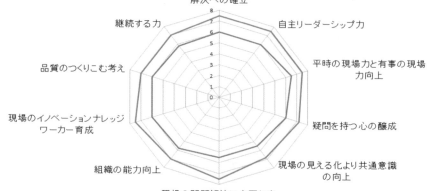

（レーダーチャート項目）
- 業務遂行型から問題型から解決への確立
- 自主リーダーシップ力
- 平時の現場力と有事の現場力向上
- 疑問を持つ心の醸成
- 現場の見える化より共通意識の向上
- 現場の問題解決に必要な実力養成
- 組織の能力向上
- 現場のイノベーションナレッジワーカー育成
- 品質のつくりこむ考え
- 継続する力

（内容・工夫した点・苦労した点など）
直属の上司に評価していただきメンバー全員が各項目で成長することができた。

（評価・今後に繋げてほしいポイント）
QCサークル活動を行うことで、現場での成長に繋がっているのか、現場の上司が「QC10の力」で評価する仕組みは非常に参考になりますね。点数が10点満点ですが、グラフが8点までしかありませんので注意をして下さい。

8　標準化と管理の定着

居室担当のチェック

	what	why	who	whan	where	how
標準化	看取り指針の見直し	看取りケアの充実	看取り委員メンバーが	年2回	サンライフ御立にて	マニュアルに沿って行う
	今回の内容を継続確認	看取りケアの充実	看取り委員メンバーが	2カ月に1回	サンライフ御立にて	今回の決定事項を受け継いでいく
管理の定着	居室担当ケアチェック表	居室担当各リーダー強化の為	各リーダーが	月に1度	各フロアにて	チェックを行い指導する

居室担当サービスチェック表
EX)
・担当入居者の変化はないか報告・対応ができる
・他の職員に注意・指導ができる
・緊急時の対応を知っている

サービスチェック表を基に毎月リーダーが居室担当の指導を実施

看取り委員会風景

看取り数

n-=13

病院 38%
施設 62%

活動後の継続状況

（2018年4月～2019年2月）
溝口作成

（内容・工夫した点・苦労した点など）
他施設への異動等があり対策の継続が大変なところもあったが、活動後も効果が継続できている。

（評価・今後に繋げてほしいポイント）
標準化と管理の定着ができているか、その後のデータも確認されていることで、標準化と管理の定着ができていることが明確にわかります。
評価できるポイントです。

QCサークルメンバーの成長と職場の成長

前田　慶子	溝口　亜希	辻本　美和子	松本　真理	植田　智

サンライフ御立ケアリーダー→介護主任	サンライフ御立ケアリーダー→介護主任	サンライフ御立介護主任→サンライフ西庄グループホーム管理者	サンライフ御立介護主任→生活相談員	サンライフ御立生活相談員→サンライフ西庄施設長

職場の成長
- 職場の活動の完了件数が3件→6件に増加。
- 法人の新施設でQCサークル活動が開始された。
- 専門職との連携が強化されチームワークの強化に繋がった。

（内容・工夫した点・苦労した点など）
QCサークルメンバーが施設長や管理者・主任といった役職につかれ成長した。職場としての成長にも繋がった。

（評価・今後に繋げてほしいポイント）
運営事例では、人の成長が大きなポイントにもなります。このスライドではQCサークル活動に関わった職員が、どのように評価され成長されたかが分かります。法人として上手くQCサークル活動を人財育成に取り入れられています。

母となり子どもの成長と一緒でチームの成長・施設の成長へ繋がる

平成30年10月男の子が生まれ1児の母となる。

活動をする中で辛いこともたくさんあったが、自分の好きな仕事をして、自分を信じ、仲間を信じ改善活動をしていくことが入居者様の幸せ、職員の幸せ、会社の幸せに繋がることが実感できた。

QCサークル活動の本質を考え活動していくことや、仲間と成長を続けていけることを楽しみにしている。

（内容・工夫した点・苦労した点など）
非常勤から正社員→QCリーダー→ケアリーダー→主任と成長しメンバーの異動や、メンバーとのギスギスした雰囲気があり辛い思いもたくさんあったが、改善活動をしていくことで幸せに繋げることが実感できた。

（評価・今後に繋げてほしいポイント）
人を纏めることに、壁にぶつかっていた前田さんがQCサークル活動を通し、大きく成長されQCサークル活動の本質を理解されたことは非常に良かったと思います。

私たちの想いを形にして今後も
多くの人に伝えていく

辛いことや不安なこともあるけど、入居者様の幸せに繋がっている。活動は私の幸せにも繋がっている。前田さんがいなくなり、不安や辛いこともあるけど私も前田さんが帰ってきた時には、前田さんがびっくりするぐらいの入居者様の笑顔あふれる活動をしてみせる！！

大きく成長してるね

溝口　　　　　　　　　　　　　　　前田

（内容・工夫した点・苦労した点など）	（評価・今後に繋げてほしいポイント）
今まで私に教えてくれていた上司達が異動や産休に入られ、自分の周りは新入職員も多く責任の重さを痛感し辛いこともたくさんあったが、入居者様の幸せに繋がる改善活動を行うことで私の幸せにも繋がっていることを実感した。	前田さんが産休に入られ、溝口さんを中心に意欲的にQCサークル活動をされています。バトンを渡された者たちが活動を通し成長されていく流れができていることは、とても素晴らしい活動だったと思います。

① 受賞をきっかけに

岩下：笹山本部長からQC活動の記録をまとめた本を作ろうと。なぜかとい言いますと、皆が一生懸命頑張ったんだから、これを何とか名前や、活動の記録を見える形で残してあげたい、というのが主旨です。一生残るので本部長の親心から、このような企画をやろうかという提起がありました。

　　　まずは、令和元年6月の全国大会で審査員特別賞と銀賞をダブル受賞したJHS全国大会の話からです。銀賞は取れるけれども、審査員特別賞は全国で2つしかなかったですよね。その2つに入ったということは素晴らしいことです。

　　　このような高い評価を受けたのは近畿支部内でも医療・福祉関係ではおそらく初めてだと思います。ということで、発表に参加された溝口さんと辻本さんの率直な感想を初めに聞かせてください。まずは溝口さんからお願いします。

溝口：はじめ受賞を聞いた時は、まず全国大会に行けると思っていなかったので、はじめの発表でもう今回は終わりだと思っていました。

笹山：前日から私も東京に泊り発表は朝一番でしたね。

溝口：はい。でも銀賞か金賞はもらえるということだったので、はじめ銀賞と聞いてその後に審査員特別賞という賞があるのを知らなかったので、名前を呼ばれた時は素直に嬉しいという気持ちでした。QC活動を4年間してきて大変というのはありますが、こうやって大きな賞を取れたというのが嬉しくて続けて活動をしてきてよかったと思いました。

岩下：次は辻本さん、お願いします。

辻本：選抜大会で他の企業の方の内容や発表をしている姿を見たらもう選ばれないかもしれないと思っていたところ、まさかの全国大会に選ばれて大変びっくりしました。それに向けて原稿の読み合わせや今までにない準備を経て東京に行きました。会場も大きく広くて、全国大会ってこういうところなのだなと思い、すごく良い経験になったのと、このサークルで何年もかけてしてきたことを発表できたので審査員特別賞を頂けたことを嬉しく思いました。大変緊張もしました。

岩下：表彰を受けたことは、前田さんは6月の時点で聞かれていましたか。

前田：はい。すぐに受賞の話は聞いていました。

岩下：自分は発表に行けなく代わりに行ってもらいましたが、その時の率直な感想はどうですか。

前田：とても行きたかったです。自分で発表をしたかったです。2人ならやってくれると思っていました。

② 前田慶子さんの成長をストーリーに

岩下：前田さんのストーリーをテーマに取り上げたのはどうしてですか。

植田：取り上げたのは私です。

岩下：植田施設長が取り上げたのですね。それはどうしてですか。

植田：前田さんはもともと正社員で採用されていないんです。非常勤で採用されて、非常勤の時も大変だったけど、一生懸命働き、いろいろなしんどい目にあってまた正社員でも大変な目にあってるんです。また、リーダーになって主任になるのですが、僕が感じるのは、やはり我慢もあったと思うんですけれども、その中で自分の良いところや強みを生かして人をまとめたりとか、改善やサービスのいろいろなところを発想していってQCサークル活動だけではなく、現場にこう返してくれるといったところがあったので、まあそういうところも含めてですね。前田を中心にストーリーを立てて

いくのが、やはり人の成長の大変さと素晴らしさが見てもらえるのかなと思いテーマにしました。

岩下：それが物語として良かったのではないでしょうか。実際は３回のテーマになっていますね。３回ともチーム編成はその都度変わっているのですか。メンバーは新しいですか。

植田：バラバラですね。数名は同じ方はいるのですが。１名か２名を除いて後は、新しいメンバーです。

岩下：その時は２回ほど前田さんがリーダーでしたか。次から次へと新しいメンバーになってなかなか固定しないというのは、もうここの常ですからね。その場合のサークル運営という苦労はありましたか？

前田：ありましたね。

岩下：それが後々の物語に繋がっていくわけですね。わかりました。それでは、平成27年から平成29年の３年間の辛い時代から、一筋の光が見えだしたところまでの物語だったので、そのストーリーに沿って皆さんの考えや結果を聞いていきたいと思います。

　　　まずは、辛いサークル時代ですね。前田さんは非常勤職員から正社員へ抜擢されましたね。そしてQCサークル活動に初めて参加したということですが、その時の感想を簡単に教えて下さい。

前田：QCのことを全然わからず、正職員になったばかりでやっていけるのか不安でした。

岩下：QCサークル活動が介護の質の向上に繋がるということを感じ出したのはいつ頃ですか。

前田：介護の質に繋がることですか。メンバーが集まって会合を重ねていくうちに一体感が出てきて、皆が力を合わせて目的に向かっていけば介護の質も上がっていくと実感しました。

植田：まあ実際には専門職とのちょっとしたぶつかりがあったわけですね。聞いてもちゃんと教えてくれなかったりとかあったんですね。

前田：はい、ありました。

植田：この活動って思っていた活動と違うのではないかと前田さんが思って、なのに次にまたリーダーお願いしますということで辻本の方から入ってくると。

岩下：そこでお姉ちゃんが入ってきたわけですか。

辻本：はい。

岩下：実際にそこはどうでしたか。

植田：そこががむしゃらに進めた時代の事故
　　　のQC活動のとこですよね。そこで溝口
　　　さんは何をアドバイスしたのですか。

溝口：一人で突っ走るところもあったり、少
　　　しサークル自体が言いにくい雰囲気でギ
　　　スギスした雰囲気もあったりで前田さん
　　　は上司になるんですけど、先輩ですが私
　　　が入社した時に同い年で共通の友達がい
　　　たことから、悩みとか私も聞いてもらっ
　　　たりしていました。それでサークル内が
　　　ギスギスしていたこともあって、一緒に
　　　ご飯を食べに行ったりし、前田さんの言
　　　い方とかそういう話はしました。

岩下：その時に前田さんは参考になったのですか。溝口さんの意見が。

前田：はい。怒られて参考になりました。

岩下：怒られたんですか。その時の立場はどうでしたか。その時に前田さんは正職員でし
　　　たね。

前田：私がリーダーで溝口さんは同じ班でした。途中から溝口さんも同じリーダーでした。

岩下：そんな雰囲気の状況の中で結局サークル内をよくしないといけないということで、
　　　チームワーク作りにいろいろと悩んだわけですね。その時にどのようなことをしまし
　　　たか。

前田：とりあえず仕事以外でも話を聞いたり、コミュニケーションを取ったり今までは私
　　　が言ってそれをしてもらうみたいな感じでしたね。

岩下：命令上手ですね。

前田：言われてからはとりあえず周りの意見を聞いてからするようにしました。

岩下：周りの意見を聞きながらね。自分本位ではなく皆の意見を聞いてそれで気づいたわ
　　　けですね。

植田：食堂とかでもよく話を聞いていましたもんね。

岩下：それはチームワーク作りの基本中の基本ですね。それでこの時に上司はどのような入り方をしてきましたか。上司の支援は受けましたか。その時の上司は誰でしたか。

前田：植田さんとお姉ちゃんです。

岩下：お姉ちゃんはどのようなアドバイスをしましたか。

辻本：突っ走っていたので、ちょっと周りの意見とかももう少し冷静に聞くとか、後は無理のないように。結構無理をするので、無理のないように活動をしていかないといけないよと言っていました。

岩下：姉妹やからこれがこの物語の売りどころですね。

植田：結構厳しいこと言ってましたもんね。

岩下：姉妹やからこそできることですね。そこで上司は辻本さんだけではなく植田さんはどうしましたか。

植田：QCで困っていることとか、やり方について相談にのって、たまに少し一緒に入ったりしながらこうやってやっていくんやでということをアドバイスしてました。

岩下：チームワーク作りの中でいろいろお姉ちゃんのアドバイスもあったりするのですが、上手くいかなかったときに、中学時代ソフトボールをしていましたね。スポーツの経験は上手く活かせましたか。

前田：スポーツの経験で我慢強さとチームワークが身につきそれを活かせました。

岩下：その経験が活かせたのですね。

　　　次は事例に入っていきます。今はがむしゃらに進めてきた時代ですから、初めて進めてきた取り組みが事故件数の取り組みでしたね。ここでいう事故は福祉の世界と一般的な企業の中とで定義が違いますね。福祉の中での事故の定義はどうなっていますか。ここは皆さんが関心のあるところです。

③　テーマは、事故の減少

辻本：ささゆり会の事故の判定ですけど、皆さん痛みとか外傷がすぐに出ない場合もあるのでなかなかそこが難しいです。例えば、床に座り込んでいたとしてもすべて事故の扱いとしています。

岩下：事故の扱いですね。かなり厳しいということですよね。一般的に事故というのは、福祉は事故がこんなに多いのかということですが、それは一般企業におけるとても軽微なことも入っているということですよね。そこはちょっと強調している方がいいで

すね。その取り組みの中で要因の解析等手順としてはパーフェクトですね。ちゃんと数字で把握されていますね。サークルの中にベテランがいたのですか。QC経験者はいましたか。

植田：実際には僕たちも入っていたのと、先ほど言ったように僕たちっていうのはずっと同じメンバーでしていないので、1年してリーダーがいたら次の時にはこのQC活動を通して成長が見込めるので主任とかになっていったりすることがあります。次にサブリーダーの人がリーダーになっていきます。やはり上の者が下の者を育てていくという体制になっているので僕もそうですけれども、QC経験者っていうのはサークルメンバー以外にも何名かいて困った時には相談しあえます。今でもそのQCサークル活動も溝口さんや前田さんが困った時には考え方を教えていくっていうのをしているので、そういうところがあるのと後は初めに新人研修の時にしっかりと手順を考え、教えることをしています。

岩下：要因解析と対策の立案までは非常によくできていると思いますけれど、肝心なのは対策の実施ですね。実施のところで見守りというのが話題になっていますね。見守りはやはり人が足りないということがありますね。見守りの対策はどのような形で実施したのですか。人が足りないというのは重要な課題だと思いますが。

溝口：事故検討会を実施していたのですが、その時に班の職員だけではなく多職種も含めて話し合う機会を設けて専門的なアドバイスをもらったり、事故の発生が多い時間帯も調べてそういう時はフロアが手薄になるので看護師や理学療法士たちに協力してもらいました。

植田：時間帯は介護職が手薄になる時に事故が起きやすいので、その時に皆で問題がなぜ起きているのかという専門職を含めて検討する会議がありました。皆の思いも共有できて、この時間帯介護職は大変なのでそこの見守りを私たちがしようということで専門職に入ってもらい、介護職だけでする見守りではなく、皆でする見守りという形にかえていったということですね。

岩下：専門職間の壁というのが当初も大きな壁と言われていましたが、それはだんだんとこの活動を通じてよくなってきているということですか。それは今も続いているのですね。

溝口：はい。今も続いています。

岩下：テーマ活動だけではなくて日頃の日常的な業務の中でもということですね。という

ことはこの活動の良いところですね。

植田：そうですね。問題を別々に考えると別々の意見が出るのですが、一緒に考えたら両方の情報を共有できるのでその中で医務の方の考え方や介護職の考え方をすり合わせてどうするかっていうのはいいところだと思います。

岩下：それは、言ってみたら貴重な財産ですね。

植田：そうですね。

岩下：事故防止というのは歯止めが大事ですよね。何か工夫はされましたか。

辻本：歯止めは定期的に標準書を作成し、テストやチェックを行いました。また、朝礼とかの申し送り、そして、全体会議等での研修を継続しています。

岩下：今も継続できているということですね。

辻本：はい。こんな事故があったよということは他の部署にも伝えています。

④　利用者の看取りについて

岩下：次に一筋の光が見えだした時代ですね。家族の辛いも幸せにするためにどのような話をしましたか？　まずは看取りからいきましょう。看取りというのは極めてデリケートな課題ですよね。そのテーマをあえて選んだ理由は何ですか。

前田：利用者様が亡くなった時に家族も職員も辛い思いをしてきて毎回話し合った時に職員が納得する看取りができてなくて看取りって何だろうと思ったからです。

岩下：結局看取りは病院よりもこの施設で看取ったほうが本人様の幸せになるということですか。

植田：データで調べました。まず始めに入所契約時に、どこで亡くなりたいかということを聞いているのですが、病院で亡くなりたいという方はほぼいません。それなのに、実際そのような方はどうなったかというと、結構な方が最後病院で亡くなられているのが多かったです。始めに本人も家族もここで亡くなりたいと言わ

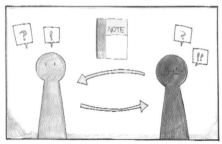

れているのに、なぜ病院で亡くなること
が多いんだろう、それは本当に利用者本
位のサービスができているのかなという
ところから始まったということです。

岩下：一般的にはどうですか？

植田：一般的にはまだ少ないです。施設での
　　　看取りは。だけど希望は多いです。

岩下：一般の職員の反応はどうでしたか？

植田：職員はアンケートを取りました。

岩下：アンケートを取ってどうなりました
　　　か。

辻本：職員からは皆看取りに対しての不安や
　　　困りごとっていうのは少なからず抱えていたので、それを何か今回QCサークルでも
　　　う少し良くなっていったらなというのはアンケート結果で出ました。

岩下：そこは大事なところですね。

植田：現場の方はテーマに対してはすごく意欲的にやりたいという人が多かったです。

岩下：ということは、利用者様もその方がいいと、そして職員もちょっと一部負担はあっ
　　　たが不安を解消するためにもこのテーマに取り組んでいったんですね。これは本部長
　　　の意向もあったのですか。

笹山：私の基本的な考え方は、看取りについては家で看取るのが一番いいと思っています。
　　　自分の母、父は亡くしていますけど両親とも病院でなんです。病院に入院しても、一
　　　度家に帰らしてくれということで、連れて帰ったんです。やはり2日程しかおれな
　　　かったけれど、連れて帰ったということによって本人が満足するんですね。だから、
　　　私の考えとしては、家が一番いいと思います。現実問題として、いつ亡くなるかとい
　　　うのがわからないという状況において家に連れて帰ることができるか、ということが
　　　難しいというのが現状ですね。病院よりも施設の方がはるかに看取りの場としては適
　　　切ではないのかなと思います。だから、病院の看取りでいろんなチューブや管をつけ
　　　ての看取りよりもやはり人間らしい最期を迎えてもらうのは施設の方が、本当は家が
　　　一番ですが、家以外であれば施設ではないのかなと考えました。

岩下：我々が一般的に考えても家、施設になりますね。全職員の共感は得られたわけです

ね。そこで家族の反応ですね。家族にはアンケートはしたのですか。

植田：アンケートはデスカンファレンスであったりとか、交換ノートみたいなものをしました。やはり、その思い残しがないようにという家族様もここに入れてしまって、あとこんなことしてあげたら良かったと思うこともあるので、一応その頃にはケアプランの中にも、家族様にしてもらうこととか入れてですね。介護職だけではなく、家族様も一緒に共同で看取り介護をするっていう考え方で進めています。家族様もやはり最後までできることができてよかったということが多かったです。中にはやっぱり意見が分かれる方もいますけどね。

笹山：辻本さんはどうですか。

辻本：家族様との信頼関係をいかにこのタイミングで一つのことに対して向かっていくというのが、これまでの関係性がなかったから難しいっていうのが大きな課題ですし、あと本人様からも気持ちや思いを汲みとることが大切です。こんなことをしてほしいんじゃないかなとか、そういうのも家族様と話しながら、すごく家族様との関わりっていうのが大事ですね。

岩下：家族の感じですね。実は私の知り合いにここにおられて亡くなった方がいるみたいなのですが、ここにおられる時に、私の家内から聞いたのですがサンライフさんがものすごく良くしてくれるというのを言っていました。家族の思いということですね。家族にどう寄り添うか大事なところだと思います。なぜかというと、やはり自分のところで世話はしたいけど、いろいろな事情がありますね。後ろめたい気持ちもあるけど、利用者だけでなく、家族も幸せにしてあげないとですね。

笹山：家族様に最期の看取りの時には、特に来てもらっていろいろなことをしてもらいなさいと職員に話をするんですよ。職員が何もかもしたらあかんと看取りの時は特にね。家族様に何かしてもらうことが大事だと。例えば、背中をさすったり、好きな食べ物を買ってきてもらったりとかね。そういう家族様に支援してもらう、応援してもらうと家族様と一緒にというのが看取りだと思うんです。だからうちの職員だけで看取りをしていたら、看取りの本質と少し違うのではないかという思いがあります。どうしてもうちの職員は何でもしたがるんですけど、家族様にしてもらいなさいという話を私はします。

岩下：次に実際の活動で本人、家族、職員が辛い死を幸せにできたと思いますか。というところですけれども、実現はできましたか。大事なところですよね。溝口さんはどう

ですか。

溝口：できました。難しいときもありましたけど。

岩下：100点満点中何点でしたか？

前田：家族様からもサンライフで看取れてよかったという声は多いです。

溝口：80点です。

植田：私は120点です。実際に家族様も協力的であったり、泊りをされる方も多くなって きたりして、やはり後悔される人が少ないです。後悔している人は見たことがないで すね。皆ここに来て最期本当に良かったと、私も本人も辛い思いや苦しい思いをしな いと。最期皆亡くなるときいい顔をしていて良かったと言ってくれる方しか聞かない ですね。家族様と一番仕事的にも関わることが多いのは私たちの方です。その辺が少 し違いもありますけどね。

笹山：やはり家族様の満足度ですね。それと、職員との距離もぐっと縮まるし、そういう 点がプラスに繋がるのではないかと思いますね。普通今までだったら、ただ介護だけ ですけど看取り段階になるとまたその状況が変わると、家族様と職員との距離もぐっ と縮まってくると、私はそういうふうに思います。

植田：介護を始めて間もない方は看取りの部屋に行かなかったり、職員は家族様と話すの も避けている人もいたのですが、そういう人が少なくなってきて、皆やはりこの人は こうやでとか、今日こんなことがありましたというのができるようになってきました。 私としては良くなってきたと思います。

辻本：考え方とか以前と変わりましたし、普段から看取りのそういうところも視野に入れ つつ、今現在もできること、看取り期でもできることの課題がだんだん増えています。 今できることは何かなと。この時は結構経験のある職員が多かったので深く取り組み もできていたかなと。

岩下：それは入ってきたばかりの職員は戸惑いますね。

植田：身近な人の死すら経験していない方も多いです。

岩下：お客様視点、利用者様視点ということを考えていったらこの方向としては結論とし て良いことですね。次に「10の力」というのは、実はQCサークル活動では個人の成 長で10の力がつくということを言われています。これで評価をしたというのは日本で 初めての試みかもしれませんね。これはどのような意味や位置づけで評価をしました か。

⑤　QC活動は職員の成長につながる

植田：QCサークルが人の成長に繋がっているのをすごく感じているので、このQCをすることによってQCだけがよくなるのではなく、他の現場でもその成長が本当に期待効果が出ているのかというところもあるので、私たちの場合はサークルメンバーが自分たちでチェックしているのではなくて直属の上司ですね。QCサークル活動によって例えば溝口さんだったら、溝口さんの上司が、実際に現場で働いてどれぐらい成長したかというところも感じてもらうようにしています。実際にそこからうちの施設としては、ゆくゆくは未来の幹部職員を育てていきたいという健全育成というところもあるので、それを踏まえてどのような成長をしていってほしいかというところも意識してもらって活動に取り組んでいくことでこれを入れています。

岩下：おそらく今後広がっていくと思います。個人としてこの活動を通じて発表も含めてどういうところが自分に役立ったかということですね。成長してきたところ、あるいは気づいたことを教えて下さい。前田さんからお願いします。

前田：QC活動を行って自分達で考えて活動をするっていうことが身につきましたし、それをまとめるというところも。それをすることによって達成感があって利用者様や家族様が喜んでいる声も実際に聞けて自分たちのモチベーションアップにも繋がりました。やっぱり人の意見を聞いて行動するということも身につきました。

岩下：今は産休明けですが、今後主任、リーダーとなりそういう基本的なことが身についたということですね。次に溝口さんはどうですか。

溝口：はじめ入った時は業務をこなすことしか頭になくて覚えることに必死で、でもこうしてQC委員会に入って、はじめはメンバーで、その後リーダーをさせてもらい、私もわからないままずっと進めていました。他の方もわからない方ばかりで、教えていくことも自分がわかっていない分大変でした。異動や産休に入った方たちも多くて、今まで自分が教えてもらっていた人たちはもう周りにいない状況になってしまって、さらに責任感も増えました。

岩下：大変でしたね。周りから見ても職務ではリーダー、主任になっていき仕事も増えていく中で、そして、この大会の発表の準備をしないといけなくなり厳しかったですね。そこはやはり成長したところですね。一番大変だったと思います。次に辻本さんお願いします。

辻本：QC活動が始まる時は、本当に一から何をやっていく、どうやってしていくという

中で実行したり、QCの会議をしたり、全体会議でパワーポイントを発表して他の部署の内容を聞いて、「自分たちすごく良いことしたよね」「他より良かったよね」というメンバーの発言とか表情とかを見てあの苦労がいい方向に向いたんだ、良かったなというのは見てて感じました。私自身も発表の機会が今までなかったので行く先々大会が大きくなっていって、緊張感とか発表力とかそういうのもすごく成長になりました。QCをしていなければこんな経験はできていないです。

岩下：次、植田さんお願いします。

植田：この３年間というわけではないのですが、QCサークル活動を通して一番自分の成長に繋がったと思うことが自責で考えるということの大切さです。今までだと「できない」と言っていたこともできる方法を考えたり、QC活動というよりは、他の仕事の関係までもどうやったらできるんだろうということを考えていけるようになりました。チームワークをよくするためにはどうしたらいいか、要因解析で考えられます。後は三現主義という言葉もありますけど事故とかも起きたら、こうだったと事故を済ましてしまったら、本当の原因がわからないからまた同じ事故が起きるんです。それはやっぱり現場に行ってなぜ起きたのか、事故以外もそうですけど、ちゃんとそれを調べて次の仕事に活かしていく、改善していくということができているっていうことが、このQCサークル活動を通して本当の自分のためになったのかなと思っております。

岩下：最後に法人本部長よろしくお願いします。

笹山：そうですね。私が思うに、QCサークルをすることによって、一番良かった点というのはやはりチームワークが取れたこと、これが一つですね。それからモチベーションが高まったこと、これが２つ目にあたるのではないかと思います。要するにいろいろな部署から参加していますから、チームワークをどうにか取らざるを得ないということで、チームワークが取れるようになる。それから、目標を決めて協力することによってモチベーションが高まるということですね。QCサークル活動をすることによってその辺はよくなったのではないかなと思います。活動した人が人事考課で高い評価を受けているというのは、活動をしたから昇格したというわけではなく、やはり活動をすることによって成長していったと。人事考課の場合、当法人は上司が評価していく部分が多いです。私が評価をするのではなく、現場の責任者が評価をしていくというシステムを取っていますので、本人の自己評価もありますが上司の評価もあり、その評価の中でどれだけ人事考課で高い評価をされるかという方式をとっていますの

でQCサークルをすることによって伸びてきたと。人事考課で評価されるというような好循環が生まれてきているのではないかというように思います。ですから、普段の仕事とかではいろいろ評価できると思いますけれど、やはりチームワークとかモチベーションとかそういうのを高めるためにはQCサークルが一番適しているのではないかなと思います。絶えず、介護の分野だけではなく他の分野も一緒ですけど、勉強をしてどう改善していくかということをいろいろ本を読んだり、経験したりして、私としては成長してほしいです。また、次の世代にも学んできたことを繋いでもらえたらと思います。介護の仕事というのは絶対と言っていいほどなくなったりはしません。移乗等を機械だけですべてできるという時代は20〜30年はまだ無理だと思っていますので、どうしても人が介護を行わざるをえないと感じています。やはり人財育成がそこにおける最も大切なことではないかなと思っています。他の分野も人財育成が大切だと思うんですけれど、私としては介護が一番そこに焦点を絞ることです。だから、QCサークルはそのための一つの手段として、生かしていければと思います。介護は最後は人財育成に尽きると思います。それをすることによって介護の質も高まるし、利用者様、家族様からも喜んでもらえるというように考えていますので、これからもQCサークルを続けていきたいと考えております。

岩下：ありがとうございました。そういうことですね。ささゆり会はQCサークル活動ということで今後もますます注目をされていくと思いますので、継続して頑張ってもらいたいです。非常に苦しい場面もありますが、そういう時代の流れの中でどう立ち位置を決めていくかということですけど、本部長が言われたようにQCサークル活動は一つの手段ということですのでこれからも頑張ってください。

　これらの活動記録が本になって出版されることを期待しております。ありがとうございました。

5章 ささゆり会のQCサークル活動について

QCサークル兵庫地区顧問 姫路経営者協会（元新日本製鐵） 岩下 吉弘

(1) 医療・福祉との出会い

　私は製造業のなかでQC活動を推進してきた経緯から、医療・福祉については特に興味がありませんでした。ところが、勤めていた会社が経営する総合病院からの依頼を受け、数年間QCサークル活動の指導に当たりました。その経験を活かし、QC活動不毛の地と言われていた兵庫県北部但馬地方の拠点病院であるY公立病院のTQC活動立ち上げに参画しました。以降10数年間指導・支援を続け、医療現場における活動の在り方を学んできました。

　一方、福祉分野については全くの素人でしたが、20数年前、あるテレビ番組で放映された北欧の福祉、「自立支援の取り組み」に感銘を受け興味を覚えていた矢先、たまたま姫路市内の障害者支援施設より会社に電話があり、「QCサークル活動導入を検討しているので支援してほしい」との要請がありました。私の一存では答えられず上司に相談し、職務（当時能力開発課長）の範囲内で対応することを条件に承認してもらい、導入以降数年間支援を続け経験を重ねました。

　こうした一連の医療・福祉現場の経験と姫路経営者協会および、QCサークル兵庫地区での推進体験から得た情報をもとに、ささゆり会QCサークル活動の特徴について述べてみたいと思います。

(2) ささゆり会独自のサークル編成

　人材育成と全員参加を狙ったサークル編成をされているのが大きな特徴です。各施設において連合型サークルとテーマ型サークルを使い分けて取り組み、リーダーおよびメンバーは常に交替し、問題・課題解決を通じて手法や運営を学びながら経験を積んでいく取り組みを継続されています。

　御立特養の事例では、職場（職員数約10名）より1名のQCメンバーが推薦され8職場から代表8名のQCメンバーでサークルが編成されています。活動の推進はメンバー中心

で進めますが、職場に持ち帰り報告・意見集約、対策は全員（職員約100名）で実施することが求められます。この方式では職場の全員に、如何に徹底し協力してもらえるかがポイントになります。

　これまですべてのテーマを下記図示の方式で活動しており、単一サークルに比べ推進が難しいといわれているものを、運営の工夫と管理者の支援も得て完結し多くの成果を上げています。

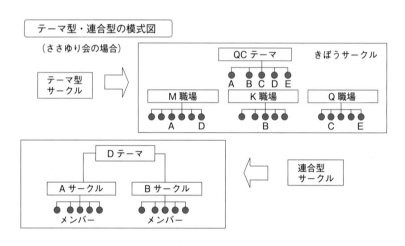

図5-1　ささゆり会のサークル編成

（3）　常に施設の重要課題をテーマ化

　テーマ選定に際しては、上位方針を受け、その時々の重要課題を自らのものとして消化しテーマ化しています。問題解決に当たっては、職種を超えて協力し合い、お互いの壁を低くしており、このことが日常業務にも反映され利用者様の介護サービス向上に寄与しています。

　具体的に社外発表されたテーマを列記しますと

・介護食の満足度向上　　　・利用者の普通食率向上

・転倒・転落事故減少　　　・外国人職員の介護技術向上

・利用者の看取り増加　　　・デイサービス利用者数の向上

・職員満足度の向上　　　　・KTバランスシートの向上　など

以上、施設として解決すべき問題・課題の多くがQCサークルで解決されています。

　こうして学んだ考え方や手法が、QC以外の各種委員会での問題解決でも役に立ってい

るとのことであり、これこそが職員個人および、職場の大きな財産となり活動の狙いでもあります。

（4）　社外研修や大会に積極参加

　福祉分野における職員不足は深刻で大きな社会問題になっていますが、それにもかかわらず、介護技術や問題解決の研修に積極的に参加されています。ささゆり会は業界の中でも群を抜いているとの高い評価を受けています。近畿支部や全国大会、経営者協会等への発表参加も多く、入賞実績は近畿圏内ではトップクラスであり、QCサークル活動の質の高さを証明しています。

　研修会等での受講態度も意欲的で、グループ討議では先発企業のメンバーにも伍して発言するなど、学習意欲旺盛で積極的な姿勢が感じられます。研修終了時の後片付けでは、ささゆり会受講者のすべての人たちが最後まで手伝いをされており運営役員から感謝されています。

（5）　福祉界への普及・拡大に貢献

　ささゆり会2事業所より2名の幹事を派遣され、近畿支部兵庫地区の運営に尽力されており、福祉業界からの役員派遣は初のケースとして注目されています。幹事長を2期務めるなど、多忙にもかかわらず精力的に活躍されています。

　また、医療・福祉分野のQCサークル活動が極めて低調な中で、兵庫西部の福祉施設を訪問し、ボランティアによる無料研修会を開催するなど、この世界への普及・拡大の先導的役割を果たされています。QCサークル誌でもささゆり会のQCサークル活動が数回紹介され、全国的な普及・拡大にも間接的に寄与しているものと思われます。

（6）　ささゆり会トップの人材育成への情熱

　特筆すべきはささゆり会トップの人材育成への情熱です。QCサークル活動を人材育成の柱の一つに位置付け、物心両面の強力な支援が行われており、施設内研修ではトップ自ら講師を務めるなど率先垂範の姿勢が貫かれています。近畿支部内セミナーでの講演、QCサークル誌でトップの紹介をされるなど、福祉分野をはじめ他企業への刺激と影響は多大なものがあるといえます。

（7）　おわりに

　　ささゆり会のQCサークル活動について、少ない情報の中で感想を述べてきましたが、派遣された幹事の姿勢、行事参加者の立ち居振る舞い、そして施設トップの熱意など先発企業が学ぶべき数多くの教訓があると思います。今後もこうした前向きな姿勢を貫き、医療・福祉分野における先導的役割を果たしていかれることが期待されています。

6章 社会福祉法人ささゆり会QCサークル受賞一覧

　社会福祉法人ささゆり会では、介護福祉現場でQC活動を、この業界では最も早く取り入れたと自負しています。この活動の素晴らしさをもって表彰された一覧をここに紹介します。

《2006年》
特別養護老人ホームサンライフ御立
サークル名：四つ葉のクローバー
テーマ：「洗濯物の返却間違いを減らそう」
賞：福祉QC奨励賞

デイサービスセンターサンライフ御立
サークル名：ファミリー
テーマ：「送迎の苦情を減らそう」
賞：福祉QC全国大会優秀賞

福祉QC全国大会優秀賞

《2010年》
特別養護老人ホームサンライフ御立（厨房）
サークル名：MANPUKU
テーマ：「職員の食の満足を向上させよう」
賞：QCサークル近畿支部奨励賞

QCサークル近畿支部奨励賞

《2011年》

デイサービスサンライフ田寺　QCサークル近畿支部奨励賞

サークル名：招き猫

テーマ：「職員の介護技術を上げよう」

賞：QCサークル兵庫地区チャンピオン大会最優秀賞（兵庫県知事賞）

　　QCサークル近畿支部奨励賞・福祉QC全国大会優秀賞

　　QCサークル石川馨賞奨励賞

福祉QC全国大会優秀賞

《2012年》

特別養護老人ホームサンライフ御立（厨房）

サークル名：ささゆり

テーマ：「普通食への挑戦」

賞：QCサークル近畿支部支部長賞

　　QCサークル兵庫地区チャンピオン大会優秀賞

QCサークル近畿支部支部長賞

特別養護老人ホームサンライフ御立

サークル名：ささゆり

テーマ：「オムツ外しの向上」

賞：QCサークル石川馨賞・福祉QC奨励賞・敢闘賞・感動賞

石川馨賞

石川馨賞奨励賞

全国福祉QC感動賞

全国福祉QC敢闘賞

福祉QC優良賞

《2013年》

デイサービスサンライフ安室

サークル名：サザエさん一家

テーマ：「利用者数の向上」

賞：QCサークル近畿支部奨励賞・

　　感動賞・福祉QC優良賞

《2014年》

安室地域包括支援センターサークル名：ROOT

テーマ：「高齢者支援の強化」

賞：QCサークル兵庫地区チャンピオン大会優秀賞

特別養護老人ホームサンライフ御立

サークル名：きぼう

テーマ：「転倒・転落事故の減少」

賞：QCサークル兵庫地区チャンピオン大会最優秀賞（兵庫県知事賞）

　　QCサークル東海支部チャンピオン大会招待発表

　　QCサークル本部幹事長賞

チャンピオン大会最優秀賞

QCサークル本部幹事長賞

特別養護老人ホームサンライフ御立

サークル名：よくし隊

テーマ：「リハビリの充実化」

賞：QCサークル近畿支部奨励賞

《2015年》

ユニット型老人ホームサンライフひろみね

サークル名：natural

テーマ：「自然排便の確立」

賞：QCサークル近畿支部奨励賞

特別養護老人ホームサンライフ御立

サークル名：ブレインズ

テーマ：「特別養護老人ホーム利用者の入院減少」

賞：QCサークル兵庫地区チャンピオン大会優秀賞
　　　QCサークル近畿支部奨励賞

QCサークル兵庫地区
チャンピオン大会優秀賞

《2016年》

デイサービスセンターサンライフ御立

サークル名：アットホーム

テーマ：「車両事故の減少」

賞：QCサークル近畿支部奨励賞
　　特別養護老人ホームサンライフ御立

サークル名：ニューロード

テーマ：「特別養護老人ホーム利用者様の褥瘡数の
　　　　減少」

賞：QCサークル兵庫地区チャンピオン大会優秀賞

QCサークル兵庫地区
チャンピオン大会優秀賞

《2017年》

デイサービスセンターサンライフ御立

サークル名：トラスト

テーマ：「デイサービス職員における介護技術の向上」

賞：QCサークル近畿支部奨励賞

特別養護老人ホームサンライフ土山

サークル名：MOKUME

テーマ：「利用者様の事故件数の減少」

賞：QCサークル近畿支部奨励賞

《2018年》

特別養護老人ホームサンライフ御立

サークル名：ASK

テーマ：「入居者様の事故件数の減少」

賞：QCサークル近畿支部支部長
　　QCサークル兵庫地区チャンピオン大会優秀賞・
　　体験事例優秀賞

体験事例優秀賞

ユニット型老人ホームサンライフひろみね

サークル名：寿

テーマ：「ユニット型特養の新規申込者の増加」

賞：QCサークル近畿支部支部長賞・
　　QCサークル兵庫地区チャンピオン大会優秀賞

QCサークル感動賞

特別養護老人ホームサンライフ御立

サークル名：絆

テーマ：「特別養護老人ホームにおける看取り数の増加」

賞：感動賞

特別養護老人ホームサンライフ土山

サークル名：Care+α

テーマ：「変動費コストの低減」

賞：QCサークル近畿支部奨励賞

特別養護老人ホームサンライフ御立

サークル名：絆

テーマ：「辛いから幸せに繋げる活動〜本当のQCサークル活動を味わう〜」

賞：事務・販売・サービス（含む医療・福祉）本部長賞支部選抜大会・
　　支部選抜大会支部長特別賞

《2019年》

デイサービスサンライフ田寺
サークル名：アットホーム
テーマ：「職員満足度の向上」
賞：QCサークル近畿支部奨励賞

特別養護老人ホームサンライフ御立
サークル名：パクチーナンプラー
テーマ：「特別養護老人ホームEPA職員の能力向上」
賞：QCサークル近畿支部支部長賞

QCサークル近畿支部支部長賞

特別養護老人ホームサンライフ御立
サークル名：絆
テーマ：「辛いから幸せに繋げる活動
　　　　～本当のQCサークル活動を味わう～」
賞：事務・販売・サービス（含む医療・福祉）本部長
　　賞全国大会
　　銀賞・支部長特別賞・審査委員長賞

銀賞

支部長特別賞

審査委員長賞

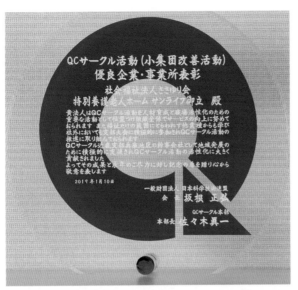

QCサークル活動（小集団改善活動）優良企業事業所表彰

おわりに

　特別養護老人ホームを平成8年に開設しました。それまで父の下で、小さな工場の繊維業界で働いていましたので全く業界の違う福祉関係の仕事をするのは初めてでした。施設オープン後、社会福祉法人に欠けていることが少しずつ分かってきました。それは、競争原理が働きにくいことと効率性とチームワークがないことです。開設後4〜5年経過したのちに当法人の職員に上記3つのことを勉強してもらうのに何が良いかと考えました。そして日本科学技術連盟傘下のQCサークルが良いと思い会員登録をしました。福祉施設士協会が開催している「福祉QCサークル」に一度当職員が参加して知っていたのですが、職員に他の業界の知見を一層広めてもらうために日本科学技術連盟傘下のQCサークルがいいと思いました。

　そして、姫路経営者協会より講師を派遣していただき、私も職員もたくさんのことを学ぶことができました。講師の方には大変熱心にQCサークルのことを職員に教えて頂き、いつも感謝しております。

　私は、父の下で働いていた時に何が一番大事かということを父に教えられました。それは、「現場力」です。介護においても「介護の現場の質」が最も大切であるということです。この介護の質を高めるために何をしなければいけないかということを考えた時にQCサークルを知り、始めたのも介護の質の向上のためでもあります。そして、介護の質を高めるために最も何が大切かと申しますとそれは人財育成です。QCサークルの最終の目的は人財育成だと私は思っています。他の業界でも同様と思いますが介護は人を育てることに尽力をつくさなければなりません。それは、お金と時間と何をするかです。しかし、最近は介護業界で仕事をしたいと思う若い人が少なくなり、当法人でも現在人手不足で介護をしたいと希望する応募者がいません。

　施設開設当初の平成8年には、兵庫県社会福祉協議会が主催した福祉の就職総合フェアの当施設のブースには100人以上の学生が列をなしたものです。それも今は昔のこととなりました。そして、平成26年に理事長からベトナムのホーチミンに行ってみてはどうかと勧めがありホーチミンに行きました。その後、4年前よりベトナムからEPA（経済連携協定）で初めて2名採用することになり現在36名が働いています。そしてまた、インドネシアから令和2年の1月21日に5名が技能実習生として初来日しました。まさに令

和元年のラグビーワールドカップ日本代表チームの合い言葉である「ONE　TEAM」と同じです。少子高齢化が進む日本においては、介護をしたいと思う多くの国の外国人に来てもらって介護をすることは何ら問題がありません。介護の質を高めるためにはあらゆる方法を取っていきたいと考えています。そして地域福祉に貢献して皆様に喜んで頂ける介護サービスを行いたいと考えていますので何卒ご支援のほどよろしくお願い申し上げます。

社会福祉法人ささゆり会法人本部長　笹山　周作

QC活動　監修者・編集者略歴

■監修者

笹山　周作（ささやま　しゅうさく）

昭和27年1月	兵庫県生まれ
昭和49年3月	龍谷大学卒
	司法書士資格取得
平成7年12月	社会福祉法人ささゆり会を設立
平成8年10月	特養 サンライフ御立施設長、現在は法人副理事長・法人本部長
平成29年5月	NPO法人福祉サービス経営調査会理事長・現在に至る
平成30年6月	くすのき介護福祉事業協同組合設立・代表理事就任現在に至る

■監修者

塚口伍喜夫（つかぐち　いきお）

昭和12年10月	兵庫県生まれ
昭和33年3月	中部社会事業短期大学卒
昭和33年4月	日本福祉大学編入学
昭和33年8月	同上中途退学
昭和33年9月	兵庫県社会福祉協議会入職
	その後、社会福祉部長、総務部長、事務局長
	兵庫県社会福祉協議会理事
	兵庫県共同募金会副会長を歴任
平成11年4月	九州保健福祉大学助教授・教授・同大学院教授
平成17年4月	流通科学大学教授・社会福祉学科長
平成25年10月	NPO法人福祉サービス経営調査会理事長、その後顧問
平成26年10月	社会福祉法人ささゆり会理事長、現在に至る

■編集者

植田　智（うえだ　とも）

昭和54年6月	兵庫県生まれ
平成14年3月	関西福祉大学卒
平成14年4月	社会福祉法人ささゆり会特別養護老人ホームサンライフ御立入職
平成21年5月	介護支援専門員取得
平成22年4月	介護福祉士取得
平成23年4月	社会福祉士取得
平成25年5月	特別養護老人ホームサンライフ御立　生活相談員兼介護支援専門員
平成26年3月	QCサークル兵庫地区幹事就任
平成28年3月	QCサークル兵庫地区副幹事長就任
平成30年3月	QCサークル近畿支部兵庫地区幹事長就任（〜令和2年3月まで）
	QCサークル本部認定指導員
平成30年4月	特別養護老人ホームサンライフ西庄　施設長兼介護支援専門員

■編集者

溝口　亜希（みぞぐち　あき）

平成 5 年 1 月	兵庫県生まれ
平成23年 3 月	須磨ノ浦女子高等学校卒業
平成23年 4 月	介護福祉士取得
平成27年 3 月	兵庫大学卒業
平成27年 4 月	社会福祉法人ささゆり会特別養護老人ホームサンライフ御立入職
平成29年 4 月	QCサークルリーダー
平成29年 5 月	特別養護老人ホームサンライフ御立　ケアリーダー
平成30年 9 月	特別養護老人ホームサンライフ御立　介護主任

執筆者並びに座談会出席メンバー（順不同）

塚口伍喜夫（つかぐち　いきお）　　社会福祉法人ささゆり会理事長

笹山　周作（ささやま　しゅうさく）社会福祉法人ささゆり会法人本部長

木村　友紀（きむら　ゆき）　　　　サンライフ御立居宅介護支援事業所　介護支援専門員

鈴木　建司（すずき　けんじ）　　　サンライフひろみね　ケアリーダー

丸尾　太一（まるお　たいち）　　　サンライフひろみね　ケアリーダー

丸尾　佳奈（まるお　かな）　　　　サンライフ安室デイサービス

改発　幸世（かいはつ　さちよ）　　サンライフ御立デイサービス生活相談員

井本美奈子（いもと　みなこ）　　　サンライフ御立ショートステイ生活相談員

溝口　亜希（みぞぐち　あき）　　　サンライフ御立特養介護主任

フン　ティ　トゥイ　チー　　　　　EPA職員

ホー　ディン　トゥアン　　　　　　EPA職員

植田　　智（うえだ　とも）　　　　サンライフ西庄施設長

辻本美和子（つじもと　みわこ）　　サンライフ西庄グループホーム管理者→退職

前田　慶子（まえだ　けいこ）　　　サンライフ御立特養介護主任

岩下　吉弘（いわした　よしひろ）　QCサークル兵庫地区顧問

　　　　　　　　　　　　　　　　　QCサークル上級指導士（資格）

西川　明茂（にしかわ　あきしげ）　サンライフひろみね施設長

立花　知之（たちばな　ともゆき）　サンライフ田寺デイサービス管理者

さあ はじめよう QC サークル！
── 介護現場での QC の活用 ──

2020年9月30日　初版第1刷発行

■監　　修 ── 笹山周作・塚口伍喜夫
■編　　集 ── 植田　智・溝口亜希
■発 行 者 ── 佐藤　守
■発 行 所 ── 株式会社 大学教育出版
　　　　　　　〒700 − 0953　岡山市南区西市 855 − 4
　　　　　　　電話 (086) 244 − 1268 (代)　FAX (086) 246 − 0294
■Ｄ Ｔ Ｐ ── 難波田見子
■印刷製本 ── サンコー印刷 (株)

ISBN978 − 4 − 86692 − 095 − 5